絵画史料が語る祇園祭

戦国期祇園祭礼の様相

河内将芳
KAWAUCHI Masayoshi

淡交社

絵画史料が語る祇園祭

戦国期祇園祭礼の様相

目次

凡例　洛中洛外図屛風の右隻・左隻については、洛中の下京を中心とする隻を右隻（下京隻）とした。また屛風の右端から一扇、二扇とかぞえている。

本書は、二〇一三〜一五年度日本学術振興会科学研究費助成事業・基盤研究C・課題番号二五三七〇八一一の研究成果の一部である。

装幀　鷺草デザイン事務所

はじめに　変化する祭

❖――前祭と後祭

祭も時代とともに変化するといえば、不思議な顔をする人も少なくないかもしれない。連綿とつづいてきた祭は、伝統そのものであり、何百年、あるいは千数百年前から何もかわっていないといった説明もよく耳にするからである。

もちろんかわっていない部分も少なくはないであろうが、しかしながら、ながい年月のあいだ、さまざまな試練を乗りこえてつづいてきた祭が、まったく昔のままということはありえない。むしろ、時代の波に柔軟に対応し、変化してきたからこそ、今なおつづけられているといったほうがはるかに現実的な見方であろう。

本書が対象とする京都の祇園祭《ぎおんまつり》もまた、同様である。たとえば、二〇一四年（平成二十六）、祇園祭の山鉾巡行《やまほこじゅんこう》は、七月十七日と二十四日の二度に分けられておこなわれた。前者を前祭《さきまつり》、後者を後祭《あとまつり》とよんでいるが、これまた多くの人びとは、なぜ巡行が二度に分けられたのかと不思議に思ったかもしれない。

あるいは、京都に生まれ育った人びとのなかにも、そのように思った人も少なくなかったであろう。

それも無理はない。なぜなら、これよりまえ、前祭と後祭が分けられておこなわれたのは、さかのぼること、およそ五十年もまえの一九六五年（昭和四十）のことになるからである。二〇一四年時点で五十歳代半ば以上の人ならともかく、それより下の世代となると、ものごころついたころには、山鉾巡行はすでに七月十七日の一度きりとなっていたのである。

それでは、一九六五年よりまえはどうだったのかといえば、おおよそ南北朝時代以来、六百年以上ものあいだ、山鉾巡行は二度に分かれておこなわれてきた。つまり、ここ五十年ほどのありかたのほうが、山鉾巡行の歴史からみれば、特別でしかもごく最近のことだったのである。

その背景には、一九六〇年代という、日本が高度成長期をむかえたことが関係する。それにともなうさまざまな影響を考慮し、時代の波に対応して、実現されたのが前祭と後祭を一日でおこなうというものだったからである。

そして、それと同じように、二〇一〇年代という時代の変化に合わせて、前祭と後祭はふたたび分かれておこなわれるようになった。このできごとひとつをみても、祇園祭もまた、時代とともに変化をとげてきたことはあきらかといえよう。

❖——戦国時代の祇園祭を追いかける

本書は、そのような変化をとげてきた祇園祭のうち、おもに戦国時代の祇園祭を当時生きた人びとが書き残した古文書や古記録など文献史料とよばれるものと、これまた、当時生きた人びとが描いた屏風絵など絵画史料とよばれるものをもとにみていこうというものである。

ながい祇園祭の歴史のなかで、なぜ戦国時代なのかといえば、ひとつには、現在われわれが目にしている祭のすがたの源流が戦国時代にあること、また、その戦国時代の祇園祭を描いた絵画がいくつかも残されており、視覚的にもみていくことができる点にある。

これまで著者は、おもに文献史料をもちいて、室町時代から戦国時代にかけての祇園祭について多少ではあるが、考えてきた（『中世京都の都市と宗教』『祇園祭と戦国京都』『祇園祭の中世』など）[1]。それを本書では、絵画史料ももちいて、できるだけ目にみえるかたちで過去の祇園祭のすがたに迫ってみようというのである。

もっとも、これまでもちいてきた文献史料とは異なって、絵画史料のあつかいには、正直なところ著者は不慣れである[2]。むしろ、まったくの素人といったほうがよいであろう。しかしながら、素人には素人の特権として、素朴に感動したり、また、単純におどろいたりと玄人にはできない「無謀」な楽しみも味わうことができる。その「無謀」な楽しみを読者のみなさんと分けあいつつ、いっぽうでは、文献史学（歴史学）の先達[3]や美術史・民俗学の研究成果[4]にまなびながら、過去の祇園祭をみていくことができればと思う。書名を「絵画史料でみる」ではなく、「絵画史料が語る」としたゆえんである。

また、本書では、神輿《みこし》や山鉾の順番、あるいは、それらがすすんでいく道筋などにも注目し、その過程をとおして、戦国時代の祇園祭と現在の祇園祭のどこが同じで、どこが異なるのか、また、それらはなぜそのようになってしまったのかなど、読者のみなさんといっしょに過去と現在を行き来しながら、あらためて祇園祭のおもしろさや奥深さについて考えていきたいと思う。

このようなもくろみがはたして成功するのかどうかについては、本書を最後まで読んでいただいたあとのお楽しみとして、そのまえに、これから読みすすめていくうえで必要な祇園祭に関するもっとも基本的なことがらについてふれておくことにしよう。

❖――神輿渡御と山鉾巡行

祇園祭といえば、山鉾の祭と思っている人も少なくないかもしれないが、さにあらず。戦国時代も現在も、祇園祭という祭礼は神輿渡御《とぎょ》〔図1〕と山鉾巡行〔図2〕という、ふたつの祭事によってなりたっている。歴史的にいえば、山鉾巡行は、おおよそ南北朝時代前後に登場してきたものであり、神輿渡御のほうがはるかに古い。つまり、古い祭事に新しい祭事が加わったかたちで祇園祭は現在にまでつづいてきたこととなる。

くわしいことについては、第一章以降でふれていこうと思うが、ふたつの祭事のうち、神輿渡御とは、七月十七日（旧暦六月七日）の夕刻に三基の神輿が八坂神社《やさかじんじゃ》（祇園社《ぎおんしゃ》）〔図3〕から京都市中の御旅所《おたびしょ》へ渡り（渡御という）、そして七日のあいだそこに滞在、七月二十四日（旧暦六月十四日）の夕刻にふたたび八坂神社へと還る（還御《かんぎょ》という）祭事を意味している。戦国時代と同じように、多くの人びとによって三基の神輿が担がれていくようすは勇壮そのものであり、近年ではこちらの祭事にも人気があつまっている。

いっぽう、山鉾巡行は、よく知られているように、七月十七日と七月二十四日の二度にわたって、朝から昼ごろにかけ、山や鉾が京都市中のうち下京《しもぎょう》とよばれる地域を練り行く（巡行という）祭事である。動く美術館ともいわれるように、山や鉾を飾る懸装品《けそうひん》がゆれながらすすむようすは、とりわけ目をひくあでやかな祭事といえよう。

図1　祇園祭 神輿渡御(神幸祭)

図2　祇園祭 山鉾巡行(前祭)

図3　八坂神社（京都市東山区）

ところで、山鉾巡行が朝におこなわれ、神輿渡御が夕刻からおこなわれるというかたちは、史料で確認できる範囲でも戦国時代にまでさかのぼることができる。

おそらくそれは、室町時代でも同様だったと思われるが、そのようなかたちが現在にまでひきつがれているということを知っている人は案外少ないのではないだろうか。現在の祇園祭の源流が、戦国時代にあることはここからもあきらかとなろう。

また、山と鉾の数は、二〇一五年現在で前祭が二十三基、後祭が十基、合わせて三十三基〔図4〕となっている。じつは、これも戦国時代の前祭が二十六基、後祭が十基、合わせて三十六基がもとになっている。

室町時代には、前祭が三十二基、後祭が二十八基、合わせて六十基もあった[5]が、応仁・文明の乱によって三十三年間中断されたのちに再興されたのが合わせて三十六基であり、それ以降、この数をうわまわることはなかった。

このように、もっとも基本的なことがらを少しみただけでも、現在の祇園祭の源流が戦国時代にあることがわかる。それでは、その戦国時代の祇園祭のようすとはど

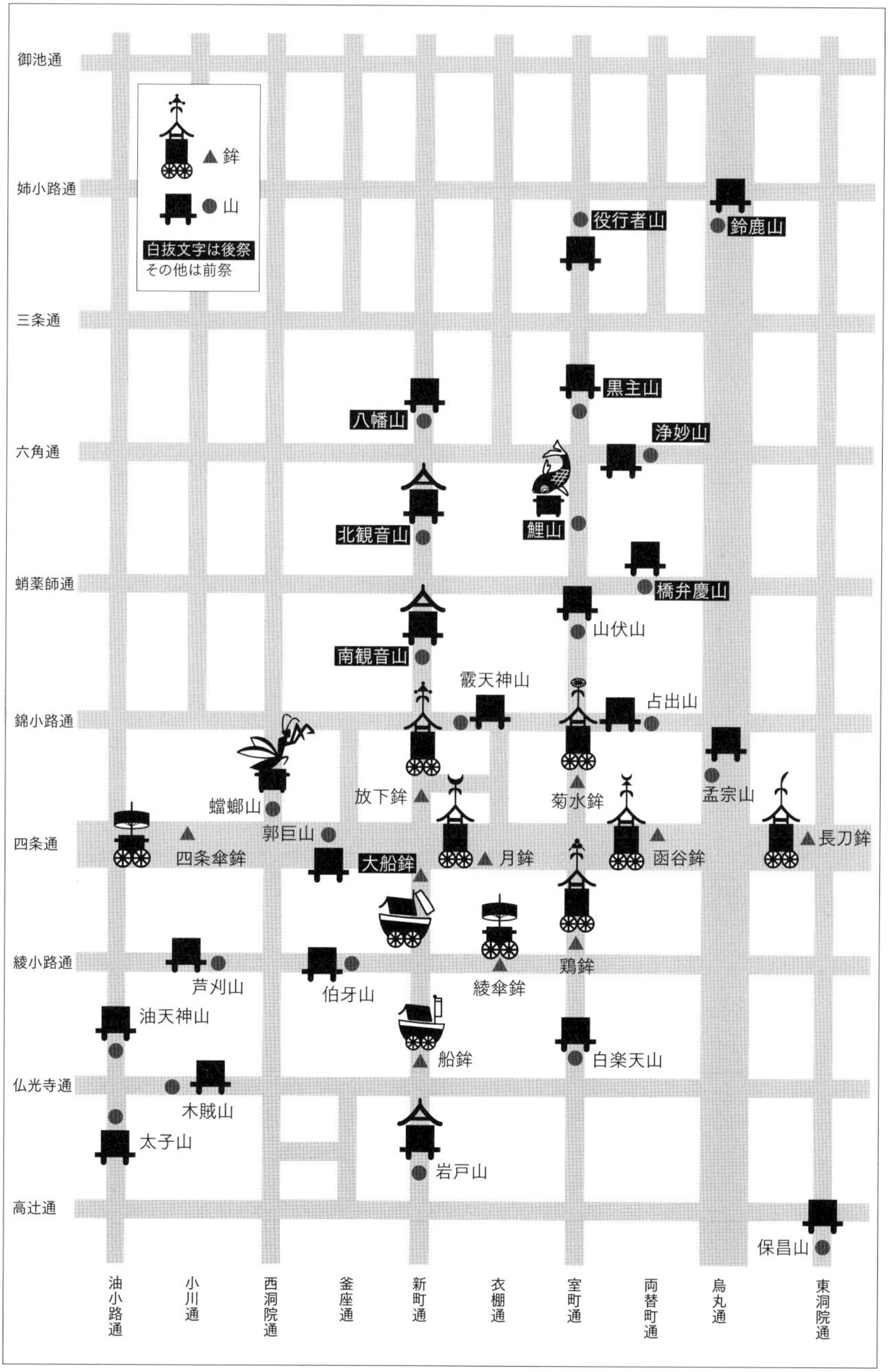

図4　現在の山鉾所在地図。山鉾は各山鉾町によって前日までに建てられ、巡行後に解体される。

図5　洛中洛外図屏風（歴博甲本、重要文化財、国立歴史民俗博物館蔵）右隻に描かれた祇園祭礼部分

のようなものだったのだろうか。まずは、歴史の古い神輿渡御のほうから追いかけていくことにしたいが、そのまえにもう一点だけ、本書でみていく絵画史料の紹介もしておく必要があろう。

❖――描かれた戦国時代の祇園祭

本書でみていこうという絵画史料は、おもに三点。いずれも戦国時代、十六世紀に描かれたと考えられているものばかりである。

そのひとつが、国立歴史民俗博物館が所蔵する甲本洛中洛外図屏風、一般に『歴博甲本《れきはくこうほん》洛中洛外図屏風』(以下、歴博甲本)〔図5・6〕とよばれている重要文化財指定の屏風である。かつては、町田本ともよばれていたが、現存する洛中洛外図屏風のなかでは最古のものとして知られている。

屏風そのものは六曲一双というかたちであり、そのうち祇園祭が描かれているのは右隻《うせき》のほう、その右側の半分ほどの画面にそのすがたをみてとることができる。右隻には、戦国時代の洛中(京中)を構成していた市街地のうち、下京とよばれた地域を中心にさまざまな光景が描かれている。そこに祇園祭のすがたがみられることからもわかるように、祇園祭とは、京都のなかでも下京とよばれた地域に根ざした祭であった。

ついで、いまひとつが、米沢市上杉博物館が所蔵する洛中洛外図屏風である。一般に、『上杉本《うえすぎぼん》洛中洛外図屏風』(以下、上杉本)〔図7〕とよばれている屏風であり、洛中洛外図屏風のなかでは、唯一国宝に指定されている。これもまた、歴博甲本と同じように、屏風そのものは六曲一双であり、そのうち祇園祭が描かれているのは右隻のほう、真ん中より右側あたりにそのすがたをみることができる。

図6　歴博甲本洛中洛外図屏風（六曲一双）右隻の全図。一扇から三扇にかけて、祇園祭礼の様子が描かれている。

歴博甲本、上杉本ともに、それがいつ制作されたのか（制作年代）、あるいはまた、そこに描かれている光景はいつのものなのか（景観年代）といった点についてはさまざまな議論や諸説があり、今なお検討がつづけられている[6]。

したがって、そこにみえる祇園祭のすがたが、たとえば、西暦何年ころのものなのかといった細かな年代までを確定することはできない。また、あくまで屏風は絵画であり、写真や地図ではないので、それを描いた絵師や屏風の注文主などさまざまな事情や都合も影響していることを考慮しておく必要はあるだろう。

ただ、そのようなことをふまえたうえでもなお、両本の制作年代については、戦国時代の下京を焼け野原にしたことで知られる天文《てんぶん》五年（一五三六）におこった天文法華の乱をはさんで、歴博甲本がそれよりまえ、上杉本がそれよりあとと考えてよいと思われる。本書でも、そのことを念頭にみていきたいと思う。

三点のうち、最後のひとつは、洛中洛外図屏風ではなく、サントリー美術館が所蔵する『日吉山王《ひえさんのう》・祇園祭礼図《ぎおんさいれいず》屏風』とよばれている屏風である。この屏風も六曲一双であるが、右隻と左隻のおのおのに日吉祭《ひえまつり》（山王祭）と祇園祭が描き分けられているところに特徴がみられる。

本書がみていこうというのは、そのうちの祇園祭礼図屏風（以下、サント

図7　洛中洛外図屏風(上杉本、国宝、米沢市上杉博物館蔵、狩野永徳筆、六曲一双)右隻の全図。
二扇と三扇に祇園祭礼の様子が描かれている。

リー本）〔図8〕のほうだが、これまた制作年代・景観年代ともに議論がつづけられている。(7) したがって、歴博甲本・上杉本と同様、西暦何年ころのすがたをあらわしているのかといったことまではわからない。ただ、洛中洛外図屛風とは異なり、祇園祭をテーマにして描かれていることもあって、できるかぎり正確さを追究しようとする姿勢がうかがえる点は重要といえよう。

これらのほかにももちろん、戦国時代の祇園祭を描いた絵画史料は知られているが、本書で以上三点の屛風を中心にみていこうと考えたのは、なによりそのすがたが文献史料と重なる点が多いところにある。

もっとも、このようにいうと、文献史料が常にただしいかのようにうけとられかねないかもしれない。しかしながら、けっしてそうではなく、むしろ絵画史料にのみ描かれていることがらも少なくないということを十分ふまえたうえで、本書では、文献史料と絵画史料とが交差することがらを中心に、戦国時代の祇園祭を追いかけていきたいと思う。そのため、各章の第一節では文献史料を中心に、また、第二節では絵画史料を中心にみていくことにしたいと思う。

まえおきがかなりながくなってしまった。それでは、さっそく第一章のとびらをひらいて、戦国時代の祇園祭の世界へと旅立つことにしよう。

＊なお、第一章以降では、具体的に当時の文献史料をもちいていくので、祇園祭の表記は史料に出てくる祇園会《ぎおんえ》とし、また、年紀も和暦を先に西暦を括弧のなかに入れ、そして、月日も旧暦によるものとする。また、引用する文献史料も読み下しにして、少しでも読みやすさをこころがけた。あらかじめご了承願いたいと思う。

（1）河内将芳『中世京都の都市と宗教』（思文閣出版、二〇〇六年）、同『祇園祭と戦国京都』（角川叢書、二〇〇七年）、同『祇園祭の中世―室町・戦国期を中心に―』（思文閣出版、二〇一二年）ほか。

（2）河内将芳「戦国期京都の祇園会と絵画史料―初期洛中洛外図を中心に―」（松本郁代・出光佐千子・彬子女王編『風俗絵画の文化学Ⅱ　虚実をうつす機知』思文閣出版、二〇一二年）、同「足利義輝の祇園会見物について―天文十七年六月十四日をめぐって―」（『藝能史研究』二〇三号、二〇一三年）、同「室町・戦国期京都における公家衆・衆庶の祇園会見物について」（『藝能史研究』二〇七号、二〇一四年）などをあらわしてきたにすぎない。

（3）最近のものとしては、川嶋将生『祇園祭―祝祭の京都―』（吉川弘文館、二〇一〇年）に代表される。また、小島道裕『描かれた戦国の京都―洛中洛外図屏風を読む―』（吉川弘文館、二〇〇九年）でも祇園祭にふれられている。

（4）祇園祭をテーマに描いた祇園祭礼図に関する美術史の立場からの研究成果としては、八反裕太郎「祇園祭礼図の系譜―一七世紀を中心に―」（『鹿島美術研究』年報一九号別冊、二〇〇二年）、同「京都国立博物館蔵『祇園祭礼図屏風』の史的位置」（『美術史』一五四冊、二〇〇三年）、同「祇園祭礼図の系譜と特質」（植木行宣・田井竜一編『祇園囃子の源流―風流拍子物・鞨鼓稚児舞・シャギリ―』岩田書院、二〇一〇年）や亀井若菜『表象としての美術、言説としての美術史―室町将軍足利義晴と土佐光茂の絵画―』（ブリュッケ、二〇〇三年）などが知られている。また、同じく美術史の立場から洛中洛外図などに描かれた祇園祭についての研究成果としては、泉万里『扇のなかの中世都市―光円寺所蔵「月次風俗図扇面流し屏風」―』（大阪大学出版会、二〇〇六年）、同『中世屏風絵研究』（中央公論美術出版、二〇一三年）、安達啓子「洛中洛外図の系譜と展開―附、洛中洛外図屏風と祇園祭礼場面小考―」（前掲『祇園囃子の源流―風流拍子物・鞨鼓稚児舞・シャギリ―』）などが知られている。いっぽう、民俗学の立場からの研究成果としては、植木行宣『山・鉾・屋台の祭り―風流の開花―』（白水社、二〇〇一年）、同「図像にみる祇園祭山鉾とその変遷」（前掲『祇園囃子の源流―風流拍子物・鞨鼓稚児舞・シャギリ―』）、同「山鉾の造形的展開―形成期の祇園会山鉾をめぐって―」（福原敏男・笹原亮二編『造り物の文化史―歴史・民俗・多様性―』（勉誠書店、二〇一四年）、山路興造『京都　芸能と民俗の文化史』（思文閣出版、二〇〇九年）などが知られている。

（5）注（1）河内前掲『中世京都の都市と宗教』参照。

図8　日吉山王・祇園祭礼図屏風（サントリー美術館蔵、六曲一双）のうち、祇園祭礼図屏風

（6）最近のものとしては、瀬田勝哉『［増補］洛中洛外の群像―失われた中世京都へ―』（平凡社ライブラリー、二〇〇九年）、黒田日出男『謎解き　洛中洛外図』（岩波新書、一九九六年）、注（3）小島氏前掲『描かれた戦国の京都―洛中洛外図屏風を読む―』、小島道裕編『国立歴史民俗博物館研究報告　第一八〇集　［共同研究］洛中洛外図屏風歴博甲本の総合的研究』（二〇一四年）、小谷量子「歴博甲本洛中洛外図屏風に描かれた歌絵」（『史艸』55号、二〇一四年）などがある。

（7）最近のものとしては、注（4）亀井氏前掲『表象としての美術、言説としての美術史―室町将軍足利義晴と土佐光茂の絵画―』、佐藤康宏『日本の美術484　祭礼図』（至文堂、二〇〇六年）、下坂守「サントリー美術館蔵『日吉山王祭礼図屏風』に見る中世の日吉祭」（松本郁代・出光佐千子・彬子女王編『風俗絵画の文化学Ⅲ　瞬時をうつすフィロソフィー』思文閣出版、二〇一四年）などがある。

第一章　神輿渡御

1 史料のなかの神輿渡御

❖——祇園会のはじまりと大政所御旅所

祇園会《ぎおんえ》はいつからはじめられたのかという、もっとも基本的で素朴な問いに答えることは、かなりむずかしい。また、諸説もあり、いまださだまっているとはいいがたい。したがって、本書でも、すぐに答えを出すというわけにはいかない。ただ、そのようななかでも、戦国時代の人びとがまのあたりにしていた祇園会がいつごろからはじめられたのかという点については、おおよそのめどをつけることができる。

はじめに、でも少しふれたように、南北朝時代以降、祇園会は神輿渡御と山鉾巡行というふたつの祭事によってかたちづくられるようになったが、このうち、歴史の古いほうにあたる神輿渡御がいつからはじめられたのかということについては、文献史料（以下、史料）で確認できるからである。つまり、神輿渡御がはじめられたことをもって、戦国時代におこなわれていた祇園会がいつからはじめられたのかということは、少なくともめどがつけられるというわけである。

あらためて説明しておくと、祇園会の神輿渡御とは、旧暦の六月七日（現在は、七月十七日）の夕刻に祇園社《ぎおんしゃ》（現在の八坂神社）から三基の神輿（大宮《おおみや》・八王子《はちおうじ》・少将井《しょうしょうい》）が洛中（京中）の御旅所へ渡り、七日のあいだ滞在したのち、旧暦の六月十四日（現在は、七月二十四日）に御旅所から祇園社へと還ってくる祭事を意味する。

旧暦六月七日の祭事を神幸《しんこう》（神幸祭、神輿迎《みこしむかえ》）、旧暦六月十四日の祭事を還幸《かんこう》（還幸祭、祇園会）とよんでいるが、それらがいつごろからはじめられたのかということを伝える史料がじつは残されている。それでは、そこにはどのようなことが書かれているのだろうか。さっそくみてみることにしよう。

> 天延《てんえん》二年六月十四日、御霊会《ごりょうえ》を始めおこなわる、すなわち高辻東洞院《たかつじひがしのとういん》方四町を旅所の敷地に寄附せらる、大政所《おおまんどころ》と号す、

これは、鎌倉時代末期の元亨《げんこう》三年（一三二三）に祇園社（八坂神社）を代表する執行《しぎょう》の職にあった晴顕《せいけん》によって書かれた『社家《しゃけ》条々《じょうじょう》記録《きろく》』という記録にみえる一節である。

内容をみてみると、「御霊会」（祇園会）は、平安時代の後期、天延二年（九七四）六月十四日にはじめられたこと、また、そのときに、「高辻東洞院方四町」（44頁・図18参照）が「旅所」（御旅所）の「敷地」として「寄附」され、そこを「大政所」御旅所とよぶようになったことがわかる。

右の一節が、当時の祇園社を代表する人物の手になるものであることからもわかるように、鎌倉時代末期においては、祇園会は平安時代後期からはじめられたと考えられていたことがあきらかとなろう。

もっとも、これだけでは、なぜ「高辻東洞院方四町」という、一町（およそ一二〇メートル×一二〇メートルの面積をもつ、いわゆる碁盤の目）規模の「敷地」が、神輿の渡御する御旅所になったのかというこ

とまではわからない。それについては、つぎの史料をみることであきらかとなってくる。

❖——大政所御旅所の神主

円融院《えんゆういん》御宇、天延二年五月下旬、先祖助正《すけまさ》の居宅高辻東洞院をもって、御旅所として、神幸あるべきのよし、神託あるのうえ、後園《こうえん》に狐塚あり、蛛《くも》の糸引き延び、当社神殿におよぶ、所司《しょし》らこれを怖れ、たずね行き助正宅に引き通しおわんぬ、よって所司ら奏聞《そうもん》を経るのきざみ、助正をもって神《かん》主《ぬし》となし、居宅をもって御旅所たるべきのよしこれを宣下《せんげ》せらる、祭礼の濫觴《らんしょう》これなり、

これは、八坂神社に伝わる一通の古文書(『新編八坂神社記録』)〔図9〕にしたためられたものだが、その内容とは、おおよそつぎのようなものとなろう。平安時代後期、「円融院」(円融天皇)の治世であった天延二年の五月下旬、「高辻東洞院」にあった「助正」なる人物の「居宅」を「御旅所」とし、そこへ祇園の神輿が「神幸」するようにという「神託」(神のお告げ)がくだった。

また、これと符合するかのように、助正宅の「後園」(裏庭)にあった「狐塚」より「蛛」(蜘蛛)の糸が「当社」(祇園社)の「神殿」(本殿)までつながった。そのような事情を知らない祇園社の「所司」(役人)たちが「神殿」からその糸をたどっていったところ、助正宅にたどりついたため、そのことを円融天皇へ申しあげた。

すると、天皇よりあらためて「助正」の「居宅」を「御旅所」とし、「助正」を御旅所の「神主」

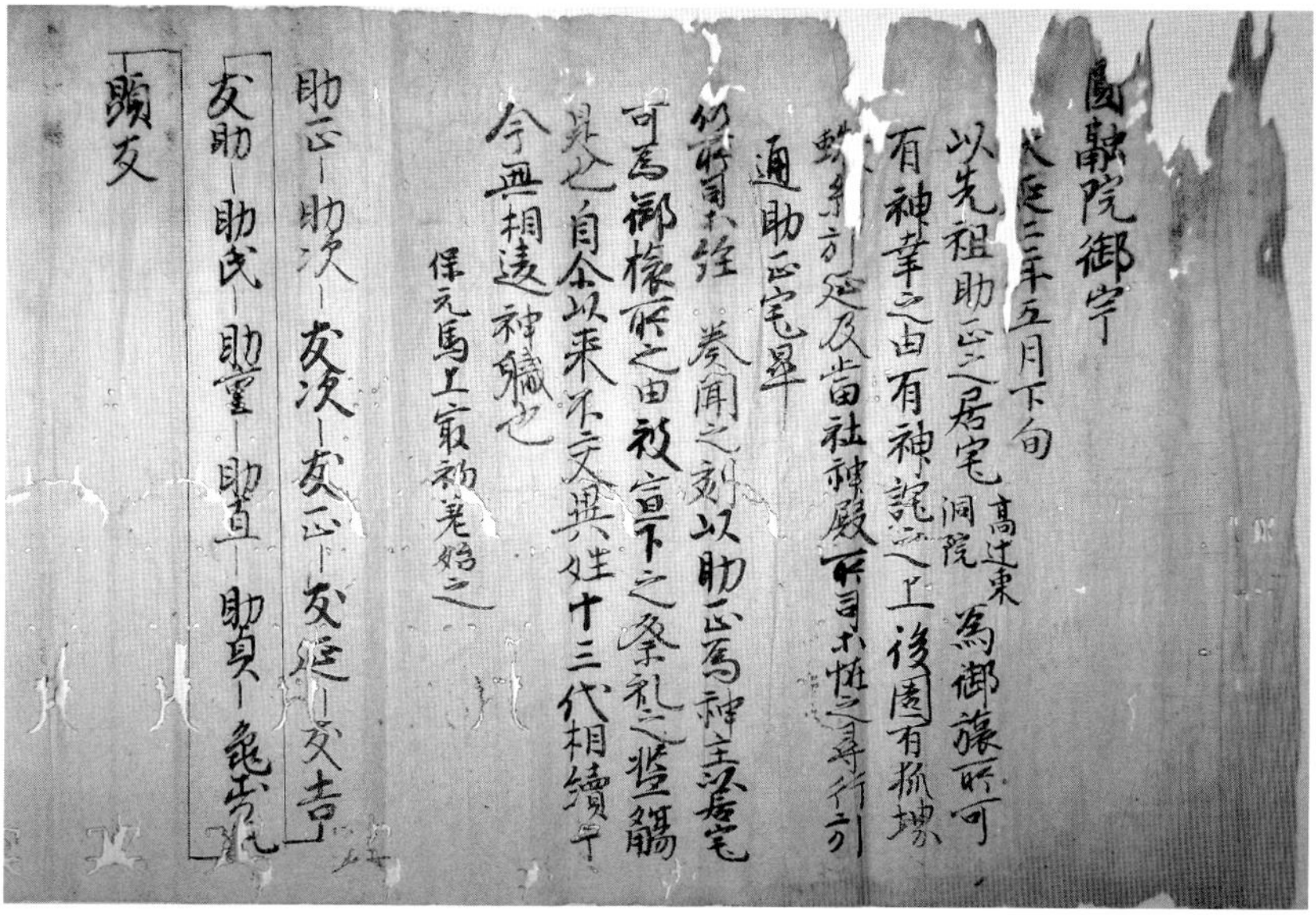

図9　大政所御旅所神主家の由来を記した文書（八坂神社蔵）

にするようにと「宣下」（天皇の命令である宣旨《せんじ》がくだされること）された。これが「祭礼」（祇園会、神輿渡御）の「濫觴」（はじまり）である、と。

一見してわかるように、右の内容をそのまま事実とみるわけにはいかない。しかしながら、「高辻東洞院方四町」という「敷地」が御旅所になった理由はうかがえよう。また、興味深いことに、南北朝から室町時代にかけては、右の史料に登場する「助正」の子孫を名のる人びとが御旅所の神主として実際にいたことも確認できる。

右の史料のすぐあとには、「自余《じよ》以来、異姓をまじえず、十三代相続、今に相違なき神職なり」（それ以降、今にいたるまで十三代にわたり、ほかの一族を入れることなく「神職」〔神主職〕を相続してきた）という一文と「助正―助次―友次―友正―友延―友吉―友助―助氏―助重―助直―助貞―亀寿丸―顕友」と書かれた神主家の系譜が載せられており、そのうちの「助貞」については、貞治三年（一三六四）に「祇園神主」（『師守記』同年五月十日条）であったことが確認できるからである。

これらのことからもわかるように、「祭礼の濫觴」（祇園会のはじまり）が、少なくとも鎌倉時代末期から室町時代にかけては、平安時代後期にあると考えられていたことはまずまちがいないところといえよう。

ちなみに、江戸時代も前期にあたる元和《げんな》三年（一六一七）に「御旅所大政所神主」がしたためた申状《もうしじょう》案（『祇園社記』二十三）にも、「祇園御旅所大政所は、われら先祖助正御霊夢により、祇園牛頭天王《ごずてんのう》、助正屋敷へ神幸あって、東洞院高辻屋敷四町まち、七百年ばかり伝わり持ち来たり申しそうろう」とみえる。

つまり、「助正」の子孫を名のる人たちは、江戸時代前期においてもなお大政所御旅所に影響力をもっていたことがうかがえる。おそらく戦国時代においてもまた、祇園会のはじまりについては、同じような理解がなされていた可能性は高いであろう。

じつは、その戦国時代の大政所御旅所のすがたが歴博甲本や上杉本には描かれている。そこでつぎにそれらをみてみることにしよう。

❖——描かれた大政所御旅所

まず歴博甲本のほうをみてみると、「いなはたう」（因幡堂《いなばどう》）と書かれた貼紙の左側、烏丸《からすま》通に面して築地塀と朱の鳥居を構えた一角として大政所御旅所が描かれている〔図10〕。まわりには、町屋のすがたもみえ、下京の市街地のなかにあったこともみてとれる。

御旅所の建物は、西側に正面をむけ、入母屋造《いりもやづくり》で、瓦葺ではなく桧皮葺《ひわだぶき》の屋根になっている。また、神輿は渡御しておらず、参詣人とおぼしき人びともまばらで、烏丸通に近いところに大きな樹木が生

図10　大政所御旅所（歴博甲本・部分、右隻一・二扇）

図11　大政所御旅所（上杉本・部分、右隻二・三扇）

えているようすも描かれている。

いっぽう、上杉本をみてみると、「おうまん所」（大政所）という墨書がみえ、ここが大政所御旅所であることがわかる〔図11〕。また、歴博甲本と同じように、烏丸通に面して築地塀と朱の鳥居を構えた一角として描かれている。

建物は、歴博甲本とは違って二棟みえ、大きなほうの建物が入母屋造で桧皮葺の屋根であるところまでは歴博甲本と同じであるものの、正面を南側に向けているところが異なる。また、こちらも神輿は渡御しておらず、参詣人とおぼしき人物が三人、鳥居をくぐって烏丸通へと向かうすがたで描かれている。なお、烏丸通に近いところに大きな樹木が生えているところは歴博甲本と同じといえよう。

このように、歴博甲本と上杉本に描かれた大政所御旅所は、似ているところが多いように思われるが、建物の正面の向きが異なって描かれているのは、あるいは天文《てんぶん》五年（一五三六）におこった天文法華の乱によって下京が全焼してしまったことと関係があるのかもしれない。

ちなみに、烏丸通近くに生える大きな樹木については、つぎの史料が伝えることと関連があるように思われる。

祇園会、山訴《さんそ》により停止《ちょうじ》す、大政所の樹、折れ摧《くだ》くとうんぬん、神慮不可思議なり、

これは、公家の三条西実隆《さんじょうにしさねたか》の日記『実隆公記《さねたかこうき》』天文二年（一五三三）六月七日条にみえる記事である。この年の祇園会は、「山訴」（山門こと延暦寺大衆《えんりゃくじだいしゅ》の訴え）により「停止」に追いこまれた。つまり、祇園会がおこなえなくなったのだが、そのことに対する「神慮」（祇園の神のおぼしめし）なのだろうか、

「大政所」御旅所の「樹」が折れてしまったという。ここにみえる「樹」と歴博甲本・上杉本に描かれる樹木とがもし同じものをあらわしているのだとすれば、描かれた樹木は神のやどる木として知られていたのであろう。

❖――湯立神楽

ところで、戦国時代の大政所御旅所を描いた絵画史料としては、歴博甲本や上杉本など洛中洛外図屏風のほかにも『祇園社大政所絵図』〔図12〕とよばれるものが知られている。しかも、こちらのほうが御旅所のなかをくわしく描いており、建物の数などもはるかに多い。

歴博甲本・上杉本でもみられた烏丸通に面した朱の鳥居や築地塀のほか、入母屋造で桧皮葺の建物も描かれているが、南側に正面を向けているところは上杉本と同じといえる。また、鳥居をくぐった正面には神輿を安置する神輿屋《みこしや》とよばれる建物がみえ、そこには、のちにもくわしくふれる三基の神輿のうち大宮と八王子とよばれた二基の神輿もみえる。

このことからもわかるように、『祇園社大政所絵図』には、六月七日の神輿渡御がおこなわれた後の大政所御旅所のようすが描かれている。類例が少ないだけに、きわめて貴重なものといえよう。注目されるのは、二基の神輿がおかれた神輿屋のまえでは、神子《みこ》たちによって湯立神楽《ゆたてかぐら》がとりおこなわれているようすがみてとれる点である。

湯立神楽とは、神前の大釜でわかした熱湯を神子や神職らが笹の葉に浸して、自分のからだや参列者にふりかける儀式を意味するが、戦国時代の大政所御旅所はこの湯立神楽がおこなわれることで知

図12　祇園社大政所絵図（二曲一隻、全図、個人蔵）

図13　現在の大政所御旅所旧址（京都市下京区）

られていた。たとえば、それは、つぎのような史料からもうかがうことができる。

　祇園会大政所湯立、内々見物せしむ、

　これは、公家の近衛《このえ》尚通《ひさみち》の日記『後《ご》法成《ほうじょう》寺《じ》関白記《かんぱくき》』享《きょう》禄《ろく》三年（一五三〇）六月十一日条にみえる記事である。六月十一日といえば、神輿が御旅所に滞在する七日のうちに入るが、ここからは、湯立神楽が、神輿が御旅所にいるあいだにおこなわれるものであり、それを目当てに多くの人びとが参詣し、にぎわっていたようすもうかがえよう。

　さて、ここまでみてきた大政所御旅所は、現在どのようになっているのであろうか。実際にその場所をたずねてみると、そこには御旅所のすがたがみられないことがわかる。わずかに大政所町という町名がかつてここに大政所御旅所があったことを伝えているが、このような状態になったのは、豊臣（羽柴）秀吉の時代、天正《てんしょう》十九年（一五九一）に大政所御旅所が現在の御旅所がおかれている四条京極（四条寺町）の地に移転させられたためであった（『祇園社記』二十三）。

もっとも、大政所町の一角には、現在でも「八坂神社大政所御旅所旧址」と書かれた石碑と小さな社が残されている〔図13〕。また、現在でも神輿渡御のさいには、行列がこのまえにとどまり、神事がおこなわれることでも知られている。祇園会発祥の地としての由緒と伝統は、今なお連綿とうけつがれていることがうかがえよう。

❖――少将井御旅所

先に三基の神輿のうち大宮と八王子の二基が大政所御旅所へ渡御するとのべたが、それでは、残りの一基はどこへいったのかといえば、じつは別の御旅所へ渡御することになっていた。それが少将井《しょうしょうい》御旅所とよばれる御旅所である。

なぜ三基ある神輿がわざわざ別々の御旅所に渡御したのか、その理由については解明されていない。ただ、史料でわかるかぎりでは、御旅所の成立時期にズレがみられることに謎を解く鍵がひそんでいそうである。具体的には、少将井御旅所の成立については史料につぎのようにみえるからである。

保延《ほうえん》二年、冷泉《れいぜい》東《ひがしの》洞院《とういん》方四町を旅所の敷地（小将井と号す婆利女御旅所）に寄附せらる、当社一円神領なり、

これは、先にもみた『社家条々記録』のなかの一節である。それによれば、平安時代後期の保延二年（一一三六）に「冷泉東洞院方四町」〔44頁・図18参照〕が、「御旅所の敷地」として祇園社に「寄附」

せられ、「当社一円神領」となり、その地が「小（少）将井と号」し、「婆利女《はりにょ》御旅所」ともよばれたことがあきらかとなる。大政所御旅所の成立が、同じ平安時代後期でも天延二年（九七四）だったから、少将井御旅所はそれから百六十年以上もおくれて成立したことになろう。

もっとも、『百練抄《ひゃくれんしょう》』という記録の永久《えいきゅう》五年（一一一七）正月十三日条のところには、「祇園別宮少将井炎上」とみえ、保延二年からさかのぼること、およそ二十年前にはすでに「祇園別宮」としての「少将井」のあったことが知られる。

また、同じく『百練抄』の天福《てんぷく》二年（文暦《ぶんりゃく》元・一二三四）六月七日条のところにもつぎのように記されている。


祇園神輿入御《にゅうぎょ》、例のごとく少将井御殿在地人《ざいちにん》ら結構す、

「在地人」とはその地に住む人びとを意味するから、大政所御旅所に伝えられた伝承とはまた別に、少将井の神輿を迎えいれ、それを祀る信仰が根ざしていたことが知られよう。(1)

ちなみに、江戸時代の史料（『京都御役所向大概覚書《おやくしょむきたいがいおぼえがき》』）にみえる「氏子《うじこ》」（うぶすな神が守ってくれる範囲）でいえば、少将井御旅所のあるところは祇園社の氏子の北限にあたる二条通より北となり、御霊《ごりょう》社《しゃ》（現在の上御霊神社）の氏子のなかに入る。このことからもうかがえるように、少将井御旅所の立地と成立にはかなり複雑な事情が横たわっていたと考えられよう。

❖——少将井御旅所の神主

そのような複雑な事情と関係があるのかどうかはわからないが、御旅所の神主についても、大政所御旅所とはかなりようすが異なる。残された史料によるかぎり、室町時代から戦国時代にかけては、有力な山徒《さんと》（延暦寺大衆）にして、土倉《どそう》とよばれる金融業者でもあった禅住坊《ぜんじゅうぼう》（禅住房）の一族がその職にあったことが知られるからである。

たとえば、室町時代の嘉吉《かきつ》三年（一四四三）六月に祇園社の執行がしたためた文書《もんじょ》（『新修八坂神社文書』）には、「去々年、禅住はじめて掠《かす》めたまう」という一文がみられ、「去々年」、つまりは嘉吉元年（一四四一）に禅住坊が何らかの「証文」（権利証拠となる文書）を手にしたことによって「少将井神主職」の座についたことが確認できる。

また、そののちも、文安《ぶんあん》六年（一四四九）と寛正《かんしょう》二年（一四六一）に「少将井社差苻得分《さふとくぶん》」という利権を「禅住」坊「承操《じょうそう》」がうけとっていたことがわかり（『八瀬童子《やせどうじ》会文書』）、さらには、戦国時代においても、「禅住千代松丸」なる人物が「少将井御旅所」の「神主」であったことが確認できるのである（『新修八坂神社文書』）。

このような禅住坊の一族が「神主」として具体的にどのようにふるまっていたのかということまでは残念ながらわからないが、室町・戦国時代においては、大政所御旅所にしても、また、少将井御旅所にしても、本社とは別に「神主」がおり、地域に根ざした信仰をあつめていたことだけはまちがいないといえよう。

図14　少将井御旅所（歴博甲本・部分、右隻四扇）

図15　少将井御旅所（上杉本・部分、右隻五扇）

❖――描かれた少将井御旅所

それではつぎに、歴博甲本や上杉本では少将井御旅所はどのように描かれているのか、それらをみてみることにしよう。まず、歴博甲本をみてみると、「とうちゐん」（等持院、等持寺）と書かれた貼紙の左下に築地塀に囲まれた神社らしき施設を見いだすことができる。これが少将井御旅所である〔図14〕。

冷泉小路（現在の夷川通《えびすがわ》）に面した南側には朱の鳥居がみえ、ここが御旅所の出入り口であったことがうかがえる。また、築地塀のなかには、南側に正面をむけた入母屋造で桧皮葺の建物が一棟だけ描かれている。

ここでもまた、神輿のすがたはみえず、参詣者もまばらといった感じであるが、大政所御旅所とくらべて、とくに目をひくのは、そのまわりに町屋がなく、農地がひろがり、牛をつかって耕作する農夫のすがたすらみられる点であろう。ここからは、戦国時代の少将井御旅所が下京の市街地の外にあったことが知られる。

いっぽう、上杉本のほうをみてみると、「せうしやう院」（少将院、少将井）と書かれた墨書がみられ、ここが少将井御旅所であることがわかる〔図15〕。歴博甲本と同じように、南側には朱の鳥居が描かれているものの、歴博本でみられたような築地塀はみられない。あるいは、天文法華の乱後に築地塀はつくられなかったのかもしれない。

建物としては、南側に正面をむけた流造で桧皮葺屋根のものが一棟だけ描かれている。神輿のすがたもみえず、参詣者も少ないが、神官とおぼしき人物がふたり鳥居あたりに描かれている点が特徴と

図16　現在の少将井御旅所跡（京都市中京区）。壁面のプレートに由来が記されている。

いえよう。

　まわりをみてみると、鳥居や建物の際まで農地がせまっている。ここでもまた、少将井御旅所が下京の市街地からはなれたところにあったことがうかがえよう。じつは、この点については、江戸時代前期ころにも記憶として伝えられていたようである。たとえば、『京雀《きょうすずめ》』という京都の地誌（郷土誌）にも、「いにしえは人の家居《いえい》もまばらなりけるとき、祇園殿の御旅所にてはべりし」とみえ、「家居もまばら」だったと記されているからである。

　ちなみに、今その少将井御旅所があったところに行ってみても、大政所御旅所と同様、もはや少将井町という町名しか残されていないことがわかる。少将井御旅所も、おそらくは天正十九年（一五九一）に四条京極（四条寺町）へ移転し、大政所御旅所と統合されて、ひとつの御旅所になってしまったからなのだろう。

　現在、少将井町には、大政所町のように、小さな社も残されておらず、よほどのことでもないかぎり足をとめることはない。ただ、烏丸通に面して建つ京都新聞社のビルの壁面には「少将井跡」のプレートが貼られており、

図17　現在の四条京極御旅所（京都市下京区）。御旅所の社殿に隣接しているO tabi Kyotoは、普段は物産品などを販売している（上）が、7月だけはその場所を明け渡し、神輿が滞在する場所になる（下）。

かつてここに御旅所があったことをわずかに伝えている〔図16〕。

❖――四条京極の御旅所

これまでにもふれてきたように、御旅所は現在、四条京極（四条寺町）の東南に所在している。ただし、ふだんはその真ん中あたりが店舗となっていて、意識してみなければ、ここが御旅所かどうかさえわかりにくくなっている。それが、七月十七日、三基の神輿が渡御してくると、店舗部分全体がかつての神輿屋のような場所となり、たしかにここが御旅所であることがあきらかとなる〔図17〕。

この場所に御旅所が移転してきたのは、これもまたすでにふれてきたように、秀吉の時代、天正十九年のことと考えられる（『祇園社記』二十三）。もっとも、この場所になぜ御旅所が移転することになったのかという点についてはさだかではない。

しかも、ここへ御旅所が移転することになったのと同じ年には、秀吉によって京都全体を堀と土塁で囲繞《いにょう》する、いわゆる御土居《おどい》（御土居堀[2]）が普請され、あろうことか、「四条通りの祇園口ふさが」れ、「祇園の神輿の神幸の路もなく」なってしまったことが史料（『祇園社記』二十三）からは読みとれる。

つまり、御土居によって四条通が遮断されてしまったため、神輿は祇園社から四条通を通って洛中に入ることすらできなくなったのである。当然、祇園社側としては、例の伝承、「神の告げにて、社の内より一つの蛛出《い》でて、かの道に糸を引き申したるの子細」をのべ、「四条通り祇園の口、神輿御幸《みゆき》の道あけ」るようにと嘆願したものの、このときには聞きいれられなかった。

結局のところ、それからおよそ十年あまりたった慶長《けいちょう》六年（一六〇一）になってようやく「四条通りの道を御あけなさ」（『祇園社記』二十三）れたようだが、この間は三条通や五条通（現在の松原通）をつかわざるをえなくなった。秀吉の時代になって、御旅所が移転しただけではなく、神輿渡御にも大きな変化が待ちかまえていたことが知られよう。

それでは、それ以前、すなわち戦国時代の神輿渡御のようすとはどのようなものだったのだろうか。つぎに、神輿のほうに焦点をしぼってみていくことにしよう。

❖——三基の神輿と神幸路

祇園会の神輿は今も昔も三基あるが、戦国時代、それら三基は大宮・八王子・少将井とよばれていた。また、祭礼のさいには、そのおのおのの神輿に三柱《みはしら》の神々が乗り、鎌倉時代の正元《しょうげん》二年（一二六〇）の段階では、大宮に「天王」（牛頭天王《ごずてんのう》）、八王子に「八大王子」、少将井に「波梨女」という神々が乗ったことが確認できる（『祇園社記』雑纂五）。そして、それは戦国時代でも同様であった。

ちなみに、現在、神輿は、中御座《なかござ》・西御座《にしござ》・東御座《ひがしござ》とよばれ、そのおのおのには、素戔嗚尊《すさのをのみこと》・八《や》柱《はしらの》御子神《みこがみ》・櫛稲田姫命《くしいなだひめのみこと》という『古事記』などに登場する神々が乗るとされている。江戸時代中期の元《げん》禄《ろく》三年（一六九〇）に書かれた書上《かきあげ》（『八坂神社文書』）には、「東間　八大王子」「中間　牛頭天王」「西間　婆利采女《はりさいにょ》」とみえるので、ある時期から西御座と東御座とが入れかわってしまったと考えられよう。

いっぽう、神輿のかたちについても、正元二年の段階で大宮が「六角」形、八王子が「四角」形、少将井が「八角」形であったことがわかる（『祇園社記』雑纂五）。これもまた、戦国時代においても同様であったが、現在は、中御座が六角形であるのは同じとしても、西御座が八角形、東御座が四角形となっている。神輿に乗る神々でさえ、時代によって変化することが知られよう。
神輿がすすむ道筋を神幸路（あるいは、祭礼路）とよんだが、その道筋については、さいわいなことにつぎのような史料が残されている。

大政所の御通りは、四条を西へ烏丸まで、それを南へ御旅所まで、還幸の御時は、五条を西、大宮まで、それを上《かみ》へ三条まで、

少将院（少将井）、同じく四条を東洞院まで、それを上へ冷泉まで御旅所あり、還幸の御時、二条西へ大宮まで、それを三条まで、

これは、応仁・文明の乱後、三十三年ぶりに再興された明応《めいおう》九年（一五〇〇）の祇園会を記録した『祇園会《ぎおんえ》山鉾事《やまほこのこと》』（『新編八坂神社記録』）にみえるものである。おそらくこの神幸路は室町時代のものを踏襲していると考えられるが、それを図にすると〔図18〕のようになろう。

〔図18〕をみてみるとわかるように、六月七日に四条通を西に向かうところまでは三基の神輿ともに同じである。ところが、少将井だけが東洞院通から向きをかえて北上し、「冷泉」（現在の夷川通）を通って御旅所に入ったことがわかる。いっぽう、大宮と八王子は、東洞院通より一本西の烏丸通まですすみ、そこを南下して御旅所に入った。以上が神幸（神幸祭）であり、室町・戦国時代には、「神輿迎《みこしむかえ》」とよばれたものとなる。

それから七日後の六月十四日、少将井はおそらく烏丸通を南下し、二条通を西へと向かい、大宮通

図18 『祇園会山鉾事』に記されている明応九年の神輿渡御の神幸路

を南下して三条大宮まですすんだことがわかる。また、大宮と八王子も烏丸通を南下し、五条通（現在の松原通）を西に向かったのち、大宮通を北上して三条大宮まですすんだ。

つまり、三条大宮の地（列見《れっけん》の辻とよばれた）で三基の神輿はふたたびめぐりあい、ここから三条通を東へとすすむこととなるわけだが、残念ながら、『祇園会山鉾事』では、三条通をすすんだあと、どのようにして祇園社へと還っていったのかがわからない。

ただ、のちにもくわしくみるように、サントリー本を参考にすれば、京極大路（現在の寺町通）を南下したのちに四条通を東へとすすんだと考えられよう。以上が還幸（還幸祭）であり、室町・戦国時代では、「祇園会」「祇園御霊会」とよばれたものとなる。

❖——還幸こそが祇園御霊会

ここで還幸が「祇園御霊会」とよばれていたことからもうかがえるように、山や鉾が登場する以前は、この六月十四日の還幸のほうに祭礼の重心はおかれていた。

そのため、還幸にともなって出された馬長童《めちょうのわらわ》など「造花などで美しく飾りたてた衣装を着し、化粧をした稚児が、鳥の羽根のついた編藺笠をかむり、馬に乗るという行列風流[3]」に人びとの目はひきつけられていた。そのことは、たとえば、つぎのような史料からもうかがうことができる。

祇薗（園）御霊会、三　院（白河上皇・鳥羽上皇・待賢門院）御見物のため、左兵衛督《さひょうえのかみ》実能《さねよし》卿三条烏丸桟敷《さじき》へ渡御す、種々の送り物ありとうんぬん、四方殿上人《てんじょうびと》馬長童五十人ばかりこれは、平安時代後期の公家藤原宗忠《ふじわらのむねただ》の日記『中右記《ちゅうゆうき》』大治《だいじ》四年（一一二九）六月十四日条にみえる記事である。ここからは、宗忠もこの日におこなわれた祭礼を「祇園御霊会」と記していたことがわかるが、それと同時に、「三院」（白河上皇・鳥羽上皇・待賢門院《たいけんもんいん》）が「馬長童」などを「御見物」するため、「左兵衛督実能」が構えた「三条烏丸」の「桟敷」へと「渡御」したことも読みとれよう。

ここにみえる「桟敷」とは、祭礼などを見物するために地面より一段高くつくられた観覧席を意味する。それが、「三条烏丸」に構えられていたことからもわかるように、馬長童が還幸の行列にともなっていたことはあきらかといえよう。

ところで、平安時代後期の歴史書『本朝世紀《ほんちょうせいき》』の康和《こうわ》五年（一一〇三）六月十四日条には、つぎのような興味深い記事がみえる。

祇薗《（園）》御霊会なり、今年はじめて三条大宮をもって、列見の辻となすとうんぬん、先例、堀川をもちいるなり、

これによれば、還幸のさい、三基の神輿が合流する「列見の辻」は、三条通と「堀川」通が交差する三条堀川が「先例」であったが、「今年はじめて」「三条大宮」になったという。これがもし事実であるとするならば、先にみた神幸路もまた、早くみつもって十二世紀をさかのぼることはないことになろう。

ちなみに、御旅所が現在の四条京極（四条寺町）へ移転してからのちの還幸の道筋は、『京都御役所向大概覚書』によれば、不思議なことに戦国時代のときとほとんどかわりがない。それをみてみると、

「四条寺町の旅所」を三基の神輿が出て「四条通り」を西へすすんだのち、「少将井の神輿」は「東洞院を北へ」「二条通りを西へ」「御城馬場を南」「大宮三条東へ入る御供所《ごくしょ》」、いっぽう、大宮と八王子の「弐《に》基」の神輿も「烏丸南へ」「松原通りを西へ」「大宮通り北へ」「三条東へ入る御供所」と記されているからである。

　ここからは、三条大宮の「列見の辻」に「御供所」がおかれるようになったのと、徳川家康によって二条城が築かれ、二条大宮を少将井が通れなくなったため、「御城馬場」を通って三条大宮にいたるようになったことをのぞいてほとんどかわりのなかったことが読みとれる。

　もちろん、このころには、大政所御旅所も少将井御旅所も元の場所にはない。にもかかわらず、三基の神輿がわざわざかつての神幸路をなぞるようにすすんでいることからも、かつて大政所御旅所と少将井御旅所があったところというのは、神輿渡御にとってやはり重要な地点であったことを意味しよう。

　なお、現在の還幸祭の道筋は、三基の神輿が大政所御旅所旧址を通ることと、三条大宮付近に所在する又旅社《またたびしゃ》（御供社《ごくしゃ》）で合流する以外はかなり自由がきくものとなっている。これもまた、祭は時代とともに変化する習いとして時流に合わせたものとみてよいであろう。

2 描かれた神輿渡御

❖——歴博甲本・上杉本に描かれた神輿渡御

それでは、歴博甲本や上杉本に神輿渡御はどのように描かれているのか、それらをみていくことにしよう。まず歴博甲本をみてみると、四条通と鴨川が交差するあたりに神輿が三基、東から西へとすむようすで描かれている〔図19〕。これが祇園会神輿渡御である。

神輿が東から西へとすすんでいるということは、場面は六月七日の神幸（神輿迎）である。一基の神輿はすでに鴨川を渡りきり、もう一基は「祇園大鳥居」とよばれた鳥居を今まさにくぐろうとしている。そして、残りの一基はいまだ川の途中、あとでもふれる浮橋《うきはし》のうえをすすむといった風情である。

神輿のかたちはいずれも四角形に描かれているが、屋根のうえをみてみると、先頭から鳳凰《ほうおう》、葱華《そうか》、鳳凰のかざりが目に入ってくる。大宮、八王子、少将井の順ですすんでいるのだろう。ちなみにこの三基の神輿の順番については、当時、来日していたイエズス会宣教師もつぎのように伝えている。

午後、彼らは非常に立派に飾られた大きい輿を持って（神）社から出る。多数の者がその輿を肩に担ぐが、その中に（かの）偶像があるといわれる。（中略）その後方から別の一台の輿が来るが、人

図19　神輿渡御（歴博甲本・部分、右隻二・三扇）

図20　神輿渡御（上杉本・部分、右隻二・三扇）

が語るところによると、それは祇園の妾の〔輿〕だといわれ、それから銃の一射程はなれて一定の位置に、つづいて〔祇園の〕正妻の輿〔といわれるもの〕が来る。

これは、宣教師ルイス・フロイスの著作『日本史』（『フロイス日本史』）に記されたものである。最初の「大きい輿」が大宮、また、「後方から別の一台の輿」が八王子、そして、「銃の一射程はなれて一定の位置」にいる輿が少将井となる。

最後の輿が「〔祇園の〕正妻の輿」といわれているのは、少将井に乗る祭神「波梨女」が先頭の大宮に乗る祭神「天王」（牛頭天王）＝「祇園」の妻とされているからだが、ただ、真ん中の八王子が「祇園の妾」とされているのは、当時、もしそのようにいわれていたのだとすれば興味深いものといえる。

いっぽう、上杉本のほうをみてみると、こちらも歴博甲本と同じように、六月七日の神幸の場面、鴨川を渡ろうとする三基の神輿が描かれている〔図20〕。また、神輿のかたちをみてみると、先頭から六角形、四角形、八角形であり、おのおのの屋根のうえには鳳凰、葱華、鳳凰のかざりがみえるので、大宮、八王子、少将井の順ですすんでいたことがわかる。神輿のかたちが歴博甲本と異なる理由についてはさだかではないが、あとでみるサントリー本を参考にするならば、上杉本の描きかたのほうがより正確と考えるのが自然であろう。

ところで、歴博甲本や上杉本にかぎらず、戦国時代に制作された洛中洛外図（屏風・扇・図帖）のいずれにおいても、描かれた神輿渡御の場面は神幸ばかりであるというところに特徴がみられる。先にもふれたように、かつては六月十四日の還幸のほうに祭礼の重心がおかれていたにもかかわらずである。

その理由をあきらかにすることは容易ではないが、ひとつには、第二章でふれる山鉾巡行が六月七日の前祭の場面ばかりで描かれていることと無関係ではないであろう。また、それとともに、神輿に乗った神々が今まさに洛中に入ろうとする場面を描くことで祇園会のはじまりをあらわそうとしていたとも考えられよう(4)。

❖――大鳥居と浮橋

その神輿が洛中に入っていくにあたって重要なポイントとされていたのが、歴博甲本にみられる朱の大鳥居である。この鳥居は、「祇園大鳥井」(『厳助往年記《げんじょおうねんき》』)、あるいは「四条大鳥居」(『言継卿記《ときつぐきょうき》』)とよばれたことが知られており、歴博甲本をみるとわかるように、神幸のさいには、神輿はかならずこの鳥居をくぐらなければならなかったと考えられる。

ところが、上杉本をあらためてみてみると、その鳥居のすがたが見いだせない。絵師がわざと描かなかったということも考えられなくもないが、しかしながら、先にもみたように、神輿のかたちにまでこだわっていることからすれば、それ以外の事情も考えられよう。

じつは、この点に関連して注目されるのが、醍醐寺理性院《りしょういん》の僧厳助が記した日記『厳助往年記』天文十三年(一五四四)七月九日条にみえるつぎのような記事の存在である。

> 大洪水、京中人馬数多流失す、在家、町々釘抜《くぎぬき》門戸ことごとく流失す、四条・五条橋、祇園大鳥井流失す、

天文十三年七月におこった大洪水はまれにみる大規模なものだったようで、「数多」の「京中人馬」も、「四条・五条橋」も、また「祇園大鳥井」も「流失」させてしまった。その後、四条橋・五条橋は再建されたものの、鳥居についてはこれ以降、再建されなかったと考えられている。(5) つまり、上杉本がこのことまでふまえていたとするならば、鳥居がないのもむしろ当然である。そして、その制作年代も、おのずと天文十三年以降ということになろう。

もっとも、これもまたひとつの可能性にすぎず、ひきつづき検討していかなければならない問題といえるが、この鳥居とは対照的に歴博甲本・上杉本の両方でしっかりと描かれているのが、鴨川にかかる四条橋と浮橋のすがたである。

なかでも注目されるのは、歴博甲本においても、また、上杉本においても、神輿が四条橋を渡らずにわざわざ別個に架けられた浮橋を渡っているようすで描かれている点であろう。それでは、なぜ神輿は人や馬が渡る四条橋を渡らなかったのだろうか。残念ながらその理由については、はっきりとはわからない。

ただ、室町時代の宝徳《ほうとく》二年(一四五〇)六月に「筑紫《つくし》」(九州北部)の「有徳《うとく》のもの」(富裕な人)によって新しく架けられた四条橋を神輿が渡ったさい、「橋のうえにおいては、怖畏《ふい》」があり、神事に敷物としてもちいる「荒薦《あらこも》を敷」かなければならないと記されている(『康富記《やすとみき》』同年六月一日・七日・十四日条)ことからすれば、何らかの「怖畏」(おそれ、タブー)があったことだけはたしかである。先にもふれたように、神輿には神々が乗っているのであり、その神々が人や馬と同じ橋を渡るわけにはいかなかったというのが理由だったのだろう。

なお、浮橋は、「最初神領根本神人《じにん》」とされた「材木商人」の「堀川神人」(『社家条々記録』)によっ

図21　神輿渡御に供奉する犬神人や神馬（上杉本・部分、右隻三扇）

て架けられることとなっていた。神人というのは神社に奉仕する下級の人びとを意味するが、戦国時代になると、彼らは「木屋座衆」「材木方」「材木座」（『八坂神社文書』）などとよばれていたことがわかる。

また、戦国時代が終わったあとも彼らは同じような役目を担っていたらしく、たとえば、江戸時代前期の慶長十四年（一六〇九）にも、「天王様御幸の浮橋」を「京中の材木屋」が架けていたことが史料（『祇園社記』雑纂二）から読みとれる。ちなみに、現在、浮橋は架けられていないが、そのことも関係するのだろうか、神幸のさいには神輿は三条大橋を渡り、また、還幸のさいには四条大橋を渡っている。

❖――犬神人

このようにして、鴨川を渡り、御旅所へと向かう神輿渡御には、それではどのような人びとが供奉《ぐぶ》していたのであろうか。この点についてはっきりと書いてある史料も、先にふれた『祇園会山鉾事』をのぞいて残されていない。

そこで、それをみてみると、「御先」（先頭）から「いぬひしにん」（犬神人《いぬじにん》）、「思い思いの願主」、「師《し》子《し》の衆」（獅子舞）、「社人」、輿に乗った「みこ」（神子）、馬に乗った「神主」、そして、しんがりとして鎧《よろい》直垂《ひたたれ》すがたの「四座の衆」らが神輿渡御に供奉したと記されている。

ただし、『祇園会山鉾事』は、明応九年（一五〇〇）の再興のときを記録したものなので、その後に供奉するものたちが増えていった可能性は十分考えられる。そうしたなか、上杉本をみてみると、その先頭に『祇園会山鉾事』が伝える犬神人のすがたを確認することができる〔図21〕。その風貌には特徴があり、柿渋色の衣と白いかぶりものをした六人の犬神人たちが三人ずつ二列になって神輿渡御を先導するすがたで描かれている。

このように、犬神人が神輿渡御を先導するようになったのがいつからかという点については、はっきりとはわからない。ただ、南北朝時代の文和《ぶんな》二年（一三五三）には、彼ら自身が「祇園社祭礼のとき、犬神人ら六月朔日《ついたち》より十四日にいたり社頭を警固し、掃除をいたし、御行《みゆき》のとき、これに供奉せしむ」（『八坂神社文書』）とのべている以上、少なくとも、そのころにまでさかのぼることはまちがいないといえよう。

また、上杉本をみていると、彼らは手に手に棒のようなものをもっていることがわかる。これについても、宣教師ルイス・フロイスの『日本史』が、「たとえ酷暑であっても、輿が通過するあいだ、だれも頭に帽子をかぶったり扇子をつかったりすることはゆるされない。なぜなら（輿に）先行している大勢の下賤のものが（そうした人をみつけると）その頭を棒でなぐりつけるからである」と伝えていることが参考となろう。

神輿には神々が乗っているのであり、その道行きに無礼がないよう目を光らせるのが、「大勢の下賤のもの」とされた犬神人の役目であったことがうかがえる。と同時に、歴博甲本でも、また、上杉本でも、すわって手を合わせ、神輿渡御をむかえ、見送る人びとのすがたがみられることがそのことをなにより裏づけるものといえよう。

さて、上杉本では犬神人のすぐあとにりっぱな馬が三頭描かれているが、おそらくこれは、室町幕府の政所《まんどころ》執事《しつじ》をつとめていた伊勢氏を介して「牽《ひ》き進」められていた、黒毛《くろげ》・河原毛《かわらげ》（朽葉をおびた白毛で、たてがみと尾が黒く、背筋に黒い筋があるもの）・栗毛《くりげ》（地肌が赤黒く、たてがみと尾が赤茶色をしている馬の毛色）の「神馬三疋」（『八坂神社文書』）をあらわしていると考えられる。

また、その「神馬三疋」のあとにつづいてみえる「太鼓」や「神輿鞍」についても、『永正元年御霊会之雑々記《えいしょうがんねんごりょうえのざつざつき》』（『祇園社記』十二）という記録にみえる、祇園社に属する「片羽屋《かたはや》神子」が太鼓をもち、また、「駕輿丁《かよちょう》」が神輿鞍をもつのが先例とされる記事が関係しているのだろう。

ちなみに、『祇園会山鉾事』に記されていた獅子舞や輿に乗る神子のすがたというのは、歴博甲本・上杉本からはみてとることができない。

図22　先頭で三条高倉付近を通過する八王子神輿（サントリー本・部分、三扇）

図23　開いた三条烏丸の木戸門を通過する少将井神輿（サントリー本・部分、五扇）

❖――サントリー本に描かれた神輿渡御

歴博甲本・上杉本から確認できる神輿渡御のようすというのはおおよそ以上のようなものとなるが、サントリー本にも神輿渡御のすがたはしっかりと描かれている。しかも、そのすがたは、歴博甲本や上杉本など洛中洛外図とは大きく異なり、神幸ではなく、還幸であるところに特徴がみられる。還幸こそが祇園御霊会、祇園会であるという意識が、戦国時代においてもなおうけつがれていたことがうかがえよう。

三基の神輿は三条通を西から東へとすすんでおり〔20〜21頁・図8上部〕、先頭の四角形の八王子〔図22〕は三条高倉の木戸門あたりを、また、六角形の大宮〔64頁・図26〕は三条東洞院の木戸門、そして、最後の八角形の少将井〔図23〕は三条烏丸の木戸門あたりをすすみつつあるかのように描かれている。

戦国時代の下京は、その全体を惣構《そうがまえ》とよばれる築地塀や木戸門、あるいは堀・土塁などで囲繞されていたと考えられている。また、その内部にも、町々《ちょうちょう》の両端、つまり通りと通りが交差したところに釘貫《くぎぬき》（釘抜）とよばれた木戸門があったと考えられている[6]。

したがって、神幸のさいにも、還幸のさいにも、三基の神輿は下京の市街地をすすむにあたっては、サントリー本が描くように、釘貫や木戸門を開けて通っていくことになったにちがいない[7]。また、神輿の位置がもし正確であったとすれば、還幸のさいには、八王子・大宮・少将井の順で三条通をすすんだことになろう。

先頭の八王子のまえをみてみると、上杉本でもみられた太鼓のすがたが、また、そのまえには神子たちと神馬二頭、そして、そのまえには二列ですすむ六人の犬神人のすがた、さらにそのまえには神馬一頭と神輿鞍のすがたが確認できる。
そのようななか、とりわけ目をひくのは、神馬二頭に乗る人物が駒形《こまがた》とよばれる馬の頭をかたどったものを胸につけており〔図24〕、いわゆる駒形稚児《こまがたちご》を描いたものではないかと考えられている点であろう[8]。

駒形稚児といえば、現在の神輿渡御にも久世《くぜ》駒形稚児が供奉していることでも知られているが、ところが、これに関する戦国時代の史料というのは残されていない。しかも、駒形にかかわる史料（『八坂神社文書』ほか）から読みとれる事実と駒形稚児とのあいだにもかなりのへだたりがみられる。

たとえば、史料のなかでは、問題の駒形は「少将井駒頭《しょうしょういこまがしら》」とよばれており、少将井御旅所か、あるいは少将井の神輿とのあいだに何らかの関係をもっていたように考えられるからである。

❖――少将井駒頭

史料によれば、その少将井駒頭は、もともとは「駒大夫《こまだゆう》」の家次《いえつぐ》という人物が所持していたようだが、ところが、「去る一乱ののち」、つまり応仁・文明の乱後、「無力」（貧困）を理由に家次が駒頭を質《しち》（担保）に入れて、御霊社の奥《おく》という神子から銭を借りたことで大騒動へと発展していった。

というのも、明応九年（一五〇〇）の再興のときにも駒頭は家次のもとへもどされず、そのため家次にかわって、御霊社の奥が駒頭とともに神輿渡御に供奉したということがわかるからである。その結果、この駒頭をめぐっては、家次と御霊社の奥とのあいだで文亀《ぶんき》元年（一五〇一）から永正《えいしょう》十八年（一五二一）にわたる、およそ二十年におよぶ相論《そうろん》（争論）がまきおこることになった。

それにしても、なぜ駒頭が家次のもとへもどされなかったのか、その理由については、双方の言い分がまっこうから対立しているために確定できない。実際、訴えをうけた室町幕府も判断にくるしんだのだろう、相論がはじまった文亀元年には、とりあえず駒頭を祇園社にあずけるよう命令をくだしている（『八坂神社文書』）。

しかしながら、幕府の裁決がその後もなかなかくだされなかったことも手つだって、混乱はさらに長引くことになった。そして、ついには、永正二年（一五〇五）の祇園会に「七日の神幸、御事欠きそうろう」（『新修八坂神社文書』）と、六月七日の神幸に駒頭が供奉しないという事態にまでおちいることとなったのである。

結局のところ、この少将井駒頭をめぐる相論は、永正十八年ころに「少将井駒頭のこと、巫女奥返上」（『八坂神社文書』）と、神子の奥が駒頭を祇園社へ「返上」することでようやく終息をみることになる。

ただし、その駒頭がその後どのようになったかという点についてはさだかではない。それがサントリー本に描かれた駒形へとつながっていったのか、あるいはまた、現在の久世駒形稚児とどのように関係しているのかといった点については残念ながら不明といわざるをえないからである。

ところで、今回、このように少将井駒頭をめぐって混乱がつづいてしまった背景としては、家次が「無力」だったという事情のほかにも、少将井御旅所に属する神子集団を統括していた「惣一職《そういちしき》」が「御霊惣一芝《しば》」という神子に譲られたことも関係していたようである（『八坂神社文書』）。

先にも少しふれたように、少将井御旅所は祇園社の氏子の北限である二条通より北の御霊社の氏子のなかにあったが、おそらくはそのようなこともかかわっているのだろう、戦国時代になって、御霊

図24　神馬二頭に乗る人物が駒形とよばれる馬の頭を胸につけている（サントリー本・部分、二扇）

図25　乗牛風流（サントリー本・部分、二扇）

社の神子が少将井御旅所へも影響力を強め、その一環として少将井駒頭をめぐる相論もまた、おこったと考えられるのである。

❖――乗牛風流

さて、サントリー本の神輿渡御をあらためてみてみると、その先頭は三条通と京極大路（現在の寺町通）が交差したところをさらに南のほうへとすすみつつあることがわかる。

これによって、還幸の道筋は三条通から京極大路を通って四条通にいたったのではないかと考えられるわけだが、その先頭あたりをみてみると、かなり特徴のある風流《ふりゅう》（仮装）のすがたが目につく。いわゆる乗牛《のりうしの》風流《ふりゅう》とよばれるものがこれである〔図25〕。

乗牛風流とは、「牛に乗り、滑稽なほど巨大な冠をかぶり、両袖になにかを通してピンと左右にはり、両手は、衣の脇から前へ出して笏《しゃく》を握るという不思議な格好」[9]をした人物を中心とする風流と一般的に説明されている。

また、そのすがたが描かれている絵画史料も、現在のところ、『月次祭礼図《つきなみさいれいず》模本《もほん》』（東京国立博物館所蔵・〔74頁・図30〕）と『月次風俗図扇面流し屏風』（光円寺所蔵）、そしてサントリー本の三点しか知られていない。そのうえ、関連する史料もきわめて少なく、つぎのものがその代表として知られている。

祇園会（中略）乗牛者北畠拍子近所を徘徊《はいかい》す、一見する人々頤《おとがい》を解《と》くなり、これは、公家の三条西実隆の日記『実隆公記』文亀元年（一五〇一）六月十四日条にみえる記事である。ここにみえる「乗牛者」が乗牛風流を意味しているが、それによれば、この日、「北畠拍子《きたばたけはやし》」（第二章で後述）による「乗牛者」が実隆屋敷の「近所」を「徘徊」し、それをみた人びとは「頤を解」いた（大笑いした）ことがわかる。ここからは、乗牛風流が人びとの笑いをさそう滑稽なものとみられていたことがうかがえよう。

もっとも、そのいっぽうで注意しておかなければならないのは、右の史料には乗牛風流が神輿渡御の先頭にいるとは書かれておらず、実隆屋敷の「近所」を「徘徊」したということだけが書かれている点である。実隆屋敷をはじめとして、戦国時代の公家屋敷の多くは天皇の住まう内裏《だいり》（禁裏《きんり》）近くにあったと考えられており、したがって、『実隆公記』にみえる乗牛風流は、神輿渡御がおこなわれる下京とはかなりはなれた場所を「徘徊」していたことになろう。

しかも、同じ日の乗牛風流の動きをとらえた公家の山科言国《やましなときくに》の日記『言国卿記《ときくにきょうき》』同日条には、つぎのようにもみえる。

> 細川右京大夫（政元）、桟敷に入るの後、山ども渡る、九なり、（中略）ウシノヽリの後、山渡る、

じつは、この記事は山鉾巡行の後祭のようすを伝えるものだが、それによれば、この日、幕府管領《かんれい》であった「細川《ほそかわ》右《う》京《きょう》大夫《だいぶ》」（細川政元《まさもと》）が「桟敷」に入ったことをきっかけにして「山」が「九」基巡行したことがわかる。

注目されるのは、そのさい「ウシノヽリ」＝乗牛風流のあとにつづいて「山」が「渡」ったと書か

れている点であろう。これが事実とすれば、乗牛風流は後祭の山鉾巡行を先導するかのような存在だったと考えられるからである。

もっとも、そうなると、『実隆公記』にみえる記事との関連がわからなくなる。そればかりか、サントリー本に描かれる神輿渡御を先導しているかのようなすがたとも合致しなくなる。

このように、一見ばらばらにみえる乗牛風流の動きを一挙に説明できるような史料はいまだ見いだせていない。ただ、乗牛風流が、六月十四日におこなわれる祇園会のときにのみ登場し、山鉾や神輿を先導すると同時に、徘徊もするなどきわめて特異な存在であったということだけは指摘できるだろう。[10]

❖——大宮駕輿丁

それでは最後に、神輿渡御ではもっとも重要な役割をはたす神輿の担ぎ手についてみていくことにしよう。歴博甲本や上杉本でも、また、サントリー本でも、神輿は「皆一様に白衣をまと[11]」った大勢の男たちによって担がれているようすがみてとれる。そして、その男たちのことを当時の史料では駕《か》輿丁《よちょう》（駕与丁・加与丁とも史料には出てくる）とよんだ〔図26〕。
もっとも、その駕輿丁にかかわる史料、とりわけ戦国時代のものというのはかならずしも多いとはいえない。しかも、三基の神輿のうち、八王子と少将井の駕輿丁についてはほとんど手がかりがないといってもよい状態なのである。[12]
実際、江戸時代の元禄《げんろく》八年（一六九五）に祇園執行が京都町奉行所に提出した口上書《こうじょうがき》（『八坂神社文

図26　大宮神輿を担ぐ駕輿丁（サントリー本・部分、五扇）

書』）によれば、八王子と少将井については、「二基の神輿駕輿丁役の町」がさだめられており、その町々が二帖《にじょう》半敷《はんじき》町・釘隠《くぎかくし》町・薬師町・御池町・松本町・山王《さんのう》町・西洞院綾小路下ル町・松木町・石井筒《いしいづつ》町・車屋町など合計十町であったことはわかる。しかしながら、それが戦国時代にまでさかのぼれるのかといえば、わからないといわざるをえないのである。

そのようななか、大宮の担ぎ手である大宮駕輿丁については、わずかにそのようすをうかがうことができる(13)。しかも、その大宮駕輿丁は京都の住人ではなく、摂津国《せっつのくに》の今宮神人《いまみやじにん》であったという点にも特徴がみられる。

神人とは、先にもふれたように、神社に奉仕する下級の人びとを意味するが、その実態は、浮橋のところで出てきた堀川神人と同じように商人など商工業者である場合が多かった。じつは、今宮神人もまた同様であり、彼らは蛤《はまぐり》を商《あきな》っていたことで知られている。

つまり、今宮神人は、現在の大阪湾でとれた蛤をもって上洛し、京都で商う蛤商人であった。そのすがたは、戦国時代に成立した『七十一番職人歌合《うたあわせ》』という史料のな

図27　はまくりうり（『七十一番職人歌合』より）

かにも「はまくりうり」（蛤売）として描かれており〔図27〕、京都ではよく知られた存在だったこともあきらかとなろう。

その今宮神人が祇園社と関係をもっていたことがわかるもっとも古い史料は、祇園執行がしたためた日記『祇園執行日記』（『社家記録』）の弘安《こうあん》元年（建治《けんじ》四、一二七八）三月十四日条にみえる「今宮神人一懸送る」というものである。また、駕輿丁としてのようすがわかるのは、『祇園執行日記』正平《しょうへい》七年（一三五二）六月十四日条にみえる「今宮駕輿丁五十余人参る」という記事が最初と考えられる。

これらの史料により、今宮神人は、おそくとも南北朝時代には駕輿丁として大宮を担いでいたとみられるわけだが、その人数が「五十余人」と記されている点は注目されよう。というのも、江戸時代に今宮村で書かれたと思われる記録（『廣田神社文書』）にも、「神輿出御《しゅつぎょ》」＝神幸のときには四十八人が、また、「神輿還御」＝還幸のときには六十八人が駕輿丁として京都へやってきたと記されているからである。実際に神輿を担ぐ人数が何人だったのかまではわからないが、おおよそのめやすにはなるだろう。

それでは、蛤商人であった今宮神人はなぜ大宮駕輿丁になったのであろうか。残念ながら、その理由をあきらかにできる史料は見あたらない。ただ、それが、商売のうえで有利にはたらいたであろうことは容易に想像することができる。

実際、そのことは、つぎのような史料（『新修八坂神社文書』）からも読みとることができる。

祇園社大宮駕輿丁摂津国今宮神人ら申す魚物《うおもの》商売のこと、往古より座中として問丸《といまる》に相着け、売買せしむるのところ、当会退転により、近年ほしいままに座中の沙汰におよばず、直にこれを買い取り商売いたすとうんぬん、事実たらば、はなはだ謂《い》われなし、すでに神事違乱におよぶのうえは、先規のごとく、沙汰いたし、神役を専《もっぱ》らにすべきの旨、堅く下知を加えらるべきのよしそうろうなり、よって執達《しったつ》くだんのごとし、

文亀弐

六月七日

（飯尾）清房

（松田）頼亮

当社執行御房

これは、室町幕府が出した奉行人連署奉書《ぶぎょうにんれんしょほうしょ》とよばれる文書（案）である。文亀二年（一五〇二）といえば、明応九年（一五〇〇）の再興から二年後のことになる。ところが、そのころ「当会退転」、つまり、祇園会が応仁・文明の乱によって三十三年間、停止に追いこまれていたことが影響して、これまで今宮神人がやってきたような「問丸」（問屋）に荷物をおろして、それから「売買」するといったやりかたを守らないものが出てきた。

「神事」にも「違乱」（支障）が出ている以上、今宮神人がこれまでどおり商売ができ、また、「神役」をつとめられるよう幕府として「下知」（命令）をくだすものである、というのがその内容となる。

一見しただけでは、今宮神人の商売がうまくいかないことと、神事に支障が出ることとのあいだには直接的な関係はみられないように思われる。しかし、それがあたかも深い関係をもっているかのよ

うに幕府に認めさせている点にこそ、今宮神人が大宮駕輿丁であった理由があると考えられよう。

とすれば、なぜ幕府は今宮神人の訴えをうけいれ、それを認めたのだろうか。そのなぞを解く鍵は右の史料が出された月日にかくされている。というのも、その月日は六月七日、すなわち神幸の式日にほかならなかったからである。

もし幕府が今宮神人の訴えを聞きいれなければどのようになるのか、おそらく彼らは神輿を担ぐことをやめてしまったにちがいない。しかしながら、神輿の担ぎ手である駕輿丁がいなければ、神輿渡御はおこなえない。しかも、中世の神輿は、だれでもが担げるというものではなく、駕輿丁のみが担げるとされており、それゆえに幕府としてもその訴えをこばむわけにはいかなかったのだろう。

じつは、このように、式日当日やその前後をねらって、今宮神人が幕府に対して訴訟をおこすということは応仁・文明の乱以前からおこなわれていた。今回もまた、それをふまえたものであり、今宮神人が大宮駕輿丁をつとめることで得ていた利益の一端を示すものといえよう。

なお、今宮神人は、戦国時代が終わったあともひきつづき駕輿丁として大宮を担いだことが知られている。そして、その最後は、おおよそつぎの史料（『八坂神社文書』）〔図28〕にみえるように、慶応《けいおう》四年（一八六八）ころまでであったと考えられる。


祇園社大宮駕輿丁摂津国今宮村神人らのこと、先規にまかせ、神役をもっぱらにすべくそうろうこと、

慶応四年
辰五月廿七日　神祇官《じんぎかん》

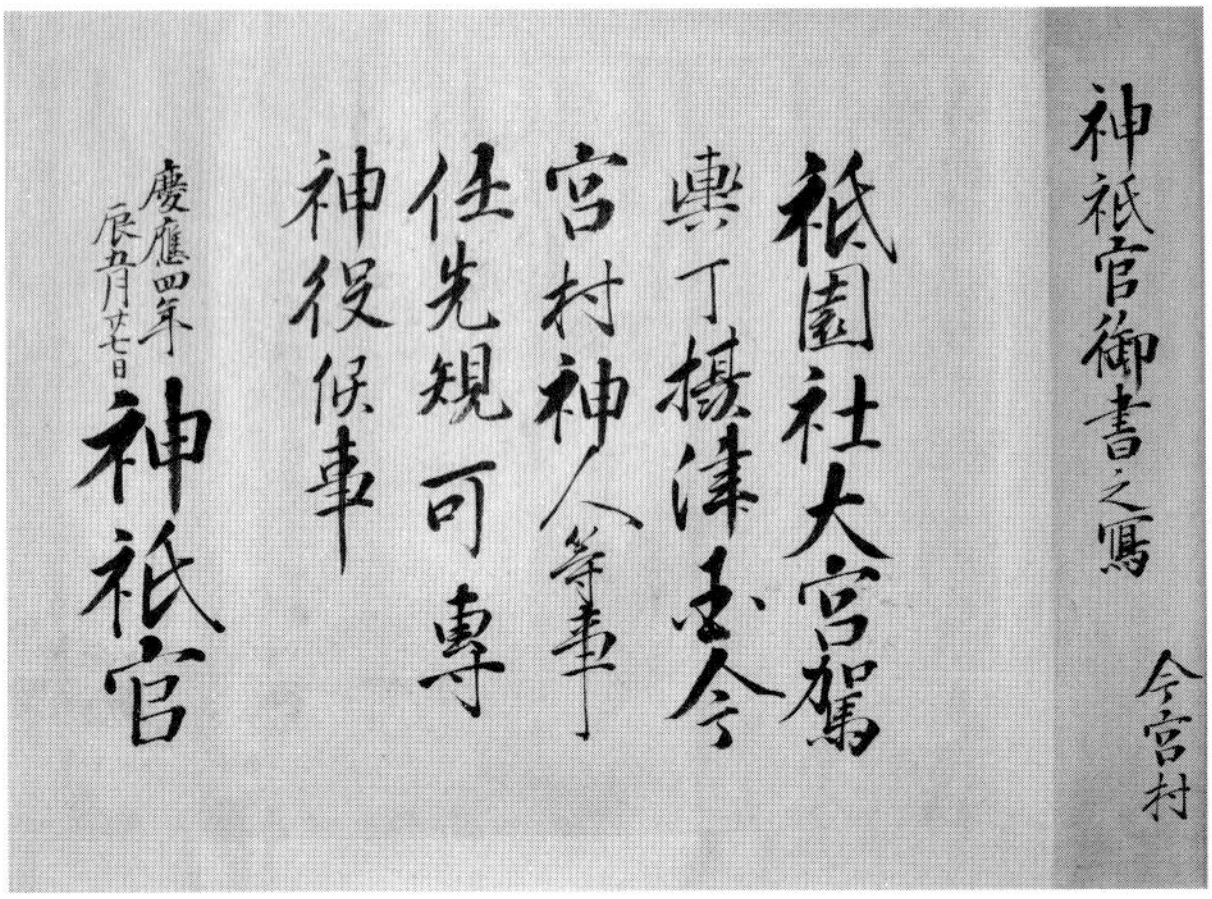
神祇官御書之写　今宮村
祇園社大宮駕輿丁摂津国今宮村神人等事任先規可専神役候事
慶應四年辰五月廿七日　神祇官

図28　慶応四年神祇官より摂津今宮村に出された文書の写し（八坂神社蔵）

慶応四年は、その年九月八日に明治元年と改元される。つまり、明治時代の幕開けまで今宮神人は大宮駕輿丁をつとめていた。ところが、これ以降、史料が残されておらず、そのことをふまえるならば、南北朝時代から幕末にいたる、およそ五百年以上におよぶ歴史をきざんできた駕輿丁のありかたにも時代の波がおしよせていたと考えられよう。そして、それはそのまま、神輿渡御の変化をも意味することになったと考えられる。

（1）瀬田勝哉『［増補］洛中洛外の群像―失われた中世京都へ―』（平凡社ライブラリー、二〇〇九年）。
（2）中村武生『御土居堀ものがたり』（京都新聞出版センター、二〇〇五年）。
（3）山路興造『京都　芸能と民俗の文化史』（思文閣出版、二〇〇九年）。
（4）下坂守『中世寺院社会と民衆―衆徒と馬借・神人・河原者―』（思文閣出版、二〇一四年）。

（5）注（4）参照。
（6）高橋康夫『京都中世都市史研究』（思文閣出版、一九八三年）、河内将芳『信長が見た戦国京都―城塞に囲まれた異貌の都―』（洋泉社歴史新書y、二〇一〇年）。
（7）木戸門が多く描かれている点については、亀井若菜『表象としての美術、言説としての美術史―室町将軍足利義晴と土佐光茂の絵画―』（ブリュッケ、二〇〇三年）においてすでに指摘されている。
（8）八反裕太郎「祇園祭礼図の系譜と特質」（植木行宣・田井竜一編『祇園囃子の源流―風流拍子物・羯鼓稚児舞・シャギリ―』岩田書院、二〇一〇年）。
（9）泉万里『扇のなかの中世都市―光円寺所蔵「月次風俗図扇面流し屏風」―』（大阪大学出版会、二〇〇六年）。
（10）河内将芳『祇園祭の中世―室町・戦国期を中心に―』（思文閣出版、二〇一二年）。
（11）西山剛「近世期における祇園会神輿駕輿丁の変化―洛中洛外図屏風諸本を手がかりに―」（『朱雀』二五集、二〇一三年）。
（12）注（11）参照。
（13）注（10）参照。

第二章　山鉾巡行

1 史料のなかの山鉾巡行

❖——山の登場

現在の祇園祭の山鉾につながる山と鉾がいつ登場してきたのかという問いに対しては、今のところ、おおよそ鎌倉時代末期ではないかという答えが用意されている(1)。もっとも、山と鉾のうち、山については、史料のうえで、そのことがはっきりと記されているようになるのは少しくだって南北朝時代に入ってからとなる。たとえば、つぎの史料がその初見と考えられている。

今日、山以下作物《つくりもの》これを渡すとうんぬん、昨日雨により斟酌《しんしゃく》、今日これを渡すとうんぬん、

これは、下級官人であった中原師守《なかはらのもろもり》の日記『師守記《もろもりき》』康永《こうえい》四年（一三四五）六月八日条にみえる記事である。ここにみえる「山以下作物」がいわゆる山に相当するものと考えられるわけだが、ここでいう「作物」（造物、造り物）とは、さまざまな人や物などのかたちを作りかざった出しものを意味するので、祇園会の山もまた造物としてかざられていたことが知られよう。

ただし、右の記事を師守がおどろきをもって書いていないことからすれば、実際にはこれよりまえ

にすでに山が登場していた可能性は高い。それが鎌倉時代末期にまでさかのぼれるのかどうかという点についてはさだかではないが、右の記事が山の登場を示す初見であると同時に、それが「渡」されたのが翌日の六月八日であったという点には注目しておく必要があろう。

というのも、前日の六月七日条の記事をみてみると、「洪水により」「浮橋《うきはし》」が架けられなかったにもかかわらず、「神輿」は「河原」を「舁渡《かきわた》」ったことがわかり、ここから、「山以下作物」が神輿渡御にともなう馬長童《めちょうのわらわ》〔図29〕のような存在とは距離をおくものであったことがあきらかとなるからである。

もっとも、この時期においてはなお人びとの目がそそがれていたのは、前代以来の馬長童や歩田楽《あるきでんがく》（「馬には乗らず徒歩で行列に参加した」「素人による田楽[2]」）などのほうであったことも史料からは読みとれる。

図29　馬長童（『年中行事絵巻』より）

したがって、山や鉾に人びとの目があつまるようになるのには今少し時間が必要となるのだが、そのいっぽうで、これまでにはみられなかった定《しずめ》鉾《ほこ》や鵲鉾《かささぎほこ》（笠鷺鉾《かささぎほこ》）〔図30〕、あるいは久世舞車《くぜまいぐるま》といったものが登場してくるのもこのころの特徴といえよう。

このうち、定鉾と鵲鉾については、同じ南北朝時代の貞治《じょうじ》六年（一三六七）に成立したと考えられている『新札往来《しんさつおうらい》』に「所々定鉾、大舎人《おおとねり》鵲鉾」とみえ、定鉾は「所々」から出され、鵲鉾も大舎人によって担われていたことがわかる。

ここでいう「所々」とは、室町時代に成立したと考えられている『尺素《せきそ》

図30　鵲鉾。下に乗牛風流も描かれている。(『月次祭礼図屏風模本』部分、東京国立博物館蔵)

Image:TNM Image Archives

往来《おうらい》』に「山崎の定鉾」とも出てくるので、油商人として知られる大山崎神《おおやまざきじ》人《にん》らも含まれていたのであろう。同様に、大舎人（大舎衛とも）も、大舎人寮につかえる下級官人という本来の意味合いから、このころには綾織物を生産する商工業者を指すようになっていたので、そのような商工業者によって鵲鉾は担われていたことが知られよう。

ちなみに、大山崎神人が本拠としていた大山崎（山崎）とは、山城国乙訓郡《おとくにぐん》大山崎を意味し、また、大舎人が本拠をおいていた地域ものちに西陣とよばれるところとして知られている。このことからもわかるように、定鉾も鵲鉾もともに、いわゆる下京《しもぎょう》地域には本拠をおかない神人や商工業者によって担われていたことがあきらかとなる。のちにもふれるように、戦国時代の山鉾が、下京地域に所在する町《ちょう》という地縁的な集団や共同体によって担われていくことになるのとくらべたとき、その違いは大きいといえよう。

ただし、『新札往来』も、また、『尺素往来』も、定鉾や鵲鉾を出すことを「在地の神役」や「在地の所役」と記していることからすれば、大山崎神人も大舎人も下京地域とまったく無縁だったわけではなく、下京の「在地」と何らかのかかわりをもっていたと考えるのが自然であろう。

❖——風流としての山

ところで、『尺素往来』では、山のことを「風流の造山《ふりゅうつくりやま》」と記している。ここでいう「風流」とは、風流拍子物《はやしもの》（囃物）を意味し、また、「風流拍子物は中世の半ば頃から後期にかけて盛んに行われるようになった集団的歌舞」であると同時に、「災厄をもたらす神霊を囃して鎮め送る機能を本質とし、風流すなわち神霊を依らせる造り物や装いを特色とするものであった」[3]と民俗学では説明されている。

つまり、「風流の造山」とは、「災厄をもたらす神霊を囃して鎮め送る」ために出されたものだったわけだが、そのことは、たとえば、つぎのような史料からも読みとることができる。

今日、赤疹《せきしん》を送ると号し、構《かまえ》中の地下人《じげにん》ら、とりわけ結構の風流囃物作山などこれあり、

これは、公家の舟橋宗賢《ふなはしむねかた》の日記『宗賢卿記《むねかたきょうき》』文明三年（一四七一）八月二十六日条にみえる記事である。文明三年といえば、応仁・文明の乱のまっただなかであり、祇園会も応仁元年（一四六七）以来、

停止に追いこまれていた時期にあたる。

したがって、右の記事は祇園会のことを伝えているわけではないのだが、東西に分かれて戦う軍勢のうち、将軍足利義政《あしかがよしまさ》をはじめとした東軍がたてこもる「御構《おんかまえ》」(4)(東構《ひがしかまえ》などともよばれた）のなかでは、「赤疹」(同じ『宗賢卿記』の八月二十六日条に「ハシカ」とみえる）が流行、そのため「地下人ら」(庶民たち）が「風流囃物作山」をつくり、それらを巡行させたことがわかる。

ここからは、疫病をおこす原因と考えられていた疫神を「地下人ら」が「囃して鎮め送る」ことによってその鎮静をはかろうとしていたことが知られるが、閏八月七日にも同じようなことをおこない、そのさい、「諸大名」が「祇園会三条・四条桟敷のごとく」(『宗賢卿記』同日条）見物したと伝えられているので、祇園会の山もまた同じような意味合いをもっていたことはあきらかといえよう。

ちなみに、鉾のほうも、延文《えんぶん》三年（一三五八）の史料（『柳原家記録』）に「鉾衆風流」と出てくるので、同じような意味合いをそなえていたことがわかる。このようにしてみると、山や鉾は、神輿渡御のように、祇園社や祇園の神と直接かかわりをもつ存在というよりむしろ民俗的な要素の濃いものであったことがうきぼりとなってこよう。

❖——下辺の鉾

さて、山に先行するかたちで史料に登場すると考えられている鉾についてであるが、その存在は応《おう》安《あん》三年（一三七〇）ころから一気にクローズアップされるようになる。そのことは、たとえば、公家の三条公忠《さんじょうきんただ》の日記『後愚昧記《ごぐまいき》』応安三年六月十四日条からもつぎのようにみてとることができる。

祇園御霊会の日なり、しかれども祭礼の儀なし、(中略)ただし、京中鉾などにおいては、先々《さきざき》にたがわずとうんぬん、

六月十四日といえば、「祇園御霊会」、つまり還幸の日にあたる。ところが、「祭礼の儀」(神輿渡御)はおこなわれず、にもかかわらず、「京中鉾など」が「先々にたがわず」(これまでどおり)巡行したことがわかる。ここからは、式日がおとずれたのに神輿渡御がおこなわれないという異常事態に祇園会がみまわれていたことが知られよう。

その背景には、これより先、応安元年(一三六八)から二年にかけて、延暦寺大衆が日吉七社《ひえななしゃ》の神輿を入京させ、南禅寺の「新造楼門」(新しくつくった山門)の破却をもとめたさいに破損した神輿の造《ぞう》替《たい》(造り替え)をめぐって、室町幕府と延暦寺大衆とのあいだできびしい対立がつづいていたことがあった。

図31　日吉大社(滋賀県大津市)

もっとも一見しただけでは、日吉社《ひえしゃ》(現在の日吉大社《ひよしたいしゃ》)〔図31〕の神輿造替と祇園会の神輿渡御とのあいだには何の関係もないようにみえる。しかしながら、神仏習合《しんぶつしゅうごう》の中世という時代のなかで、祇園社が延暦寺ならびに日吉社の末寺・末社であったことをふまえるならば、そう簡単でないことはあきらかといえよう。

本社である日吉社の神輿の造替が終わっていないのに末社である祇園社の神輿だけが渡御するわけにはいかないという、本社・末社の関係を前提にした暗黙の了解のようなものがそこにはあったからである。その結果、祇園会の神輿渡御は、日吉社の神輿が造替される康暦《こうりゃく》二年（一三八〇）までおよそ十年あまりにわたって停止に追いこまれることになる。

じつは、そのような異常事態がつづくなか鉾や山だけは出され、巡行していたことが史料からは読みとれる。そのことは、先にみた記事だけではなく、つぎの『後愚昧記』永和《えいわ》二年（一三七六）六月七日条からもあきらかとなる。

祇園御輿迎なり、しかれども神輿造替いまだ道《みち》ゆかずそうろうあいだ、神輿出《い》でたまわず、（中略）下辺《しもわたり》の鉾ならびに造物山先々のごとくこれを渡す、大樹（足利義満）桟敷四条東洞院とうんぬんを構え見物すとうんぬん、

この年も、日吉社の「神輿造替」が「道ゆかず」（すすんでいなかった）だったため、祇園の神輿も渡御することがかなわなかった。にもかかわらず、「下辺の鉾ならびに造物山」は「先々のごとく」巡行し、それらを当時「十九」（『公卿補任《くぎょうぶにん》』）歳であった若き将軍足利義満が、「四条東洞院《しじょうひがしのとういん》」に桟敷を構えて見物したことがわかる。

このような室町将軍による見物については第三章でくわしくみるとして、右の記事からだけでも、神輿渡御がおこなわれないなか、およそ十年あまりにわたって鉾と山だけが巡行するかたちの祇園会がつづいていたことはあきらかといえよう。

こうして、人びとの目はおのずと鉾や山のほうへとそそがれていくことになったわけだが、その鉾

と山が「京中鉾」や「下辺の鉾ならびに造物山」、あるいは「祇園会鉾など、下辺経営」（『後愚昧記』応安七年六月十四日条）と史料に出てくる点は注目される。ここにみえる「下辺」とは、のちの下京につながるものであり、鉾や山が「下辺」＝下京に居住する人びとやこの地域とかかわりをもつ人びとによって「経営」されていたことがうきぼりとなってくるからである。

❖——七日と十四日

以上みてきたように、神輿渡御からおくれることおよそ三百数十年あまり経って山鉾巡行はおこなわれるようになったことがわかるが、それがいつから六月七日と十四日の二度にわたっておこなわれるようになったのかという点についてはさだかではない。

ただ、『師守記』の貞治三年（一三六四）六月七日と十四日の記事には、つぎのようにみてとれるので、少なくともこのころには両日に山鉾巡行がおこなわれるようになっていたと考えられよう。

今日祇園御輿迎例のごとし、鉾以下冷然《れいぜん》、久世舞車これありとうんぬん、作山風流などこれなし、定鉾ばかりなり、

今日祇園御霊会例のごとし、鉾以下冷然、作山などなし、定鉾においては、近年のごとくか、久世舞車これありとうんぬん、

右の記事のうち、前者が六月七日条、後者が六月十四日条のものである。これをみてもあきらかなように、このころはまだ前祭・後祭ということばはつかわれておらず、七日を「祇園御輿迎」、十四日を「祇園御霊会」とよんでいたことがわかる。

また、この年は風流もあまりはなやかなものではなかったらしく、「鉾」は両日ともに「冷然」（さむざむとしたさま）、山（「作山風流」「作山」）も同様に出されず、久世舞車と定鉾しかみられなかったこともわかる。しかし、これによって逆に、山や鉾、そして久世舞車や定鉾が七日と十四日の両日に出されて、巡行するようになっていたことが知られよう。

それでは、このころに巡行していた山や鉾とはどのようなすがたをし、また、何基巡行していたのであろうか。残念ながら、この点についても史料にはくわしく記されておらず、まったくといってわからない。

したがって、山鉾にかかわるくわしいようすというのはつぎの室町時代に入らないとわからないわけだが、ところが、その室町時代のようすも応仁・文明の乱によって停止に追いこまれて三十三年経った明応《めいおう》九年（一五〇〇）に再興されたさいに松田《まつだ》頼亮《よりすけ》という、室町幕府侍所《さむらいどころ》開闔《かいこう》の職にあった人物によって書き残された『祇園会山鉾事《ぎおんえやまほこのこと》』〔図32〕という記録でしかわからない。

しかも、それを書き残すにあたって頼亮は、「古老」などに「相尋ねて」調べあげたとされているので、つまるところ、同時代の史料によって室町時代の山鉾のすがたを知ることはかなりむずかしいといわざるをえないといえよう。

『祇園会山鉾事』といえば、先に神輿渡御の神幸路のところでもみた史料と同じだが、〔表1〕（82～83頁）の「■応仁乱前分」はその『祇園会山鉾事』に記される室町時代の山鉾を一覧にしたものである。

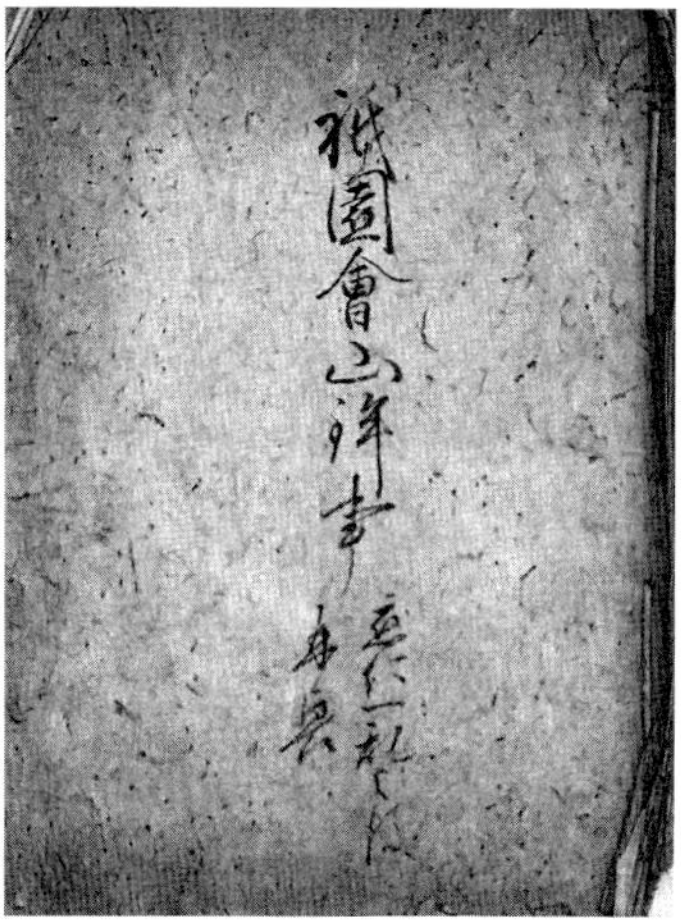

図32 『祇園会山鉾事』(八坂神社蔵)

これをみてみると、「応仁乱前」＝室町時代には、七日に三十二基、また十四日に二十八基、合わせて六十基の山鉾が巡行していたことがわかる。[5]

ちなみに、十四日の最後あたりにみえる「かさほく」（笠鉾、傘鉾）「大との忩」（大舎人、大舎衛）と「さきほく」（鷺鉾）「北はたけ」（北畠）というのが、鵲鉾（笠鷺鉾）を意味している。[6]『尺素往来』では、「大舎人の鵲鉾」とあり、大舎人だけで担われていたかのように記されているが、じつはそうではなかったことがあきらかとなろう。[7]

「北はたけ」（北畠）といえば、乗牛風流のところでも「北畠拍子」として登場していたが、この北畠とは北畠散所《さんじょ》ともよばれた声聞師《しょうもじ》（民間の陰陽師）集団を意味している。[8]彼らがなぜ鵲鉾や乗牛風流にかかわっていたのかという点についてはさだかではないが、いずれも十四日にのみ登場する存在であったことだけはまちがいないといえよう。[9]

『祇園会山鉾事』には、このように室町時代の山鉾についての記載がみられるわけだが、当然のことながら、明応九年に再興されたさいの山鉾の情報も載せられている。それを一覧にしたのが〔表1〕の「■明応九年再興分」であり、これによれば、明応九年以降、つまり戦国時代では、七日に二十六基、十四日に十基、合わせて三十六基の山鉾が巡行したことが知られよう。

六十基から三十六基へ、おおよそ半減するかたちで戦国時代の祇園会は出発したことになるが、この三十六基が現在にいたる山鉾の原流であることについては、本書のはじめに、でもふれたと

十四日	18	れうもんの瀧山	三条町と六角間
	19	あさいなもん山	綾少路いのくま
	20	柳の六しやく山	四条高倉と綾
	21	西行山	
	22	しねんこし山	
	23	てんこ山	
	24	柴かり山	
	25	小原木の山	
	26	かさほく	大とのゑ
	27	さきほく	北はたけ
	28	くけつのかい山	高辻いのくま

■明応九年再興分

式日	記載順	山鉾名	所在地	次第	注記
七日	1	ナキナタホコ	四条東洞院トカラス丸トノ間也	一番	先規より相定めおわんぬ
	2	天神山	五条坊門トアヤノ小路間也	二番	
	3	いほしり山	錦小路西洞院ト四条ノ間也	三番	
	4	たい子のそま入山	五条坊門油小路ト高辻ノ間也	四番	
	5	内裏ノ花ヌス人山	五条東洞院トタカクラトノ間也	五番	
	6	花見中将山	四条烏丸トアヤノ小路間也	六番	
	7	タルマ山	四条坊門油小路トニシキノ小路ノ間也	七番	
	8	かつら男山	四条町ト室町ノ間也	八番	
	9	山伏山	四条油小路トニシキノ小路ト間也	九番	コマサライ
	10	伯楽天山	五条坊門トアヤノ小路ノ間也	十番	
	11	まうそう山	四条烏丸トニシキノ小路ノ間也	十一番	
	12	神功皇后山	ニシキノ小路烏丸ト室町ノ間也	十二番	アユツリ
	13	かさはやし	四条油小路ト西洞院間也	十三番	
	14	はうか山	四条町トニシキノ小路間也	十四番	
	15	天神山	ニシキノ小路ト町ノ間也	十五番	トヒムメ
	16	みち作山	四条西洞院と町間	十六番	
	17	琴ハり山	アヤノ小路町西洞院ノ間也	十七番	
	18	菊水山	ニシキノ小路ト室町四条ノ間也	十八番	
	19	布袋山	四条坊門ト町ト室町ト間也	十九番	
	20	こきやこはやし	あやのこうちト室町間	廿番	
	21	はうか山	ニシキノ小路町ト西洞院ノ間也	廿一番	
	22	山伏ミ子入山	四条坊門室町トニシキノ小路トノ間也	廿二番	
	23	あしかり山	アヤノ小路油小路ト西洞院ノ間也	廿三番	
	24	八幡山	四条油小路トアヤノ小路ノ間也	廿四番	
	25	にわ鳥山	四条室町トアヤノ小路トノ間也	廿五番	
	26	大舟	四条町トアヤノ小路ノ間也	廿七(六)番	先規相定めおわんぬ、終にこれを渡す
十四日	1	うしわか殿	四条坊門と烏丸との間也	一番	先規より一番なり
	2	八わた山	三条町と六かくの間也	二番	
	3	すゝか山	三条からす丸	三番	
	4	くわんおんふたらく	六かく町と四条坊門之間也	四番	
	5	あしうさうしやうミやう	六かくからすまると室町之間	五番	
	6	大友の黒主	三条室町と六かくの間也	六番	
	7	龍門瀧	六かく室町と四条坊門の間也	七番	
	8	かつら山	四条坊門と油小路之間也	八番	
	9	ゑんの行者	あねか小路室町と三条之間也	九番	
	10	たか山	三条町と室町との間也	十番	

■応仁乱前分

式日	記載順	山鉾名	所在地
七日	1	長刀ほく	四条東洞院
	2	かんこくほく	四条烏丸と室町間
	3	かつら男ほく	四条室町と町間
	4	かんたかうふきぬ山	四条東洞院と高倉間
	5	こきやこはやし物	四条油小路と西洞院間
	6	あしかり山	四条いのくま
	7	まうそ山	錦少路万里小路と高倉間
	8	いたてん山	同東洞院と高倉間
	9	弁慶衣川山	錦烏丸と東洞院間
	10	あしかり山	同烏丸と室町間
	11	天神山	同町と室町間
	12	こかうのたい松山	同西洞院と町間
	13	すミよし山	綾少路油少路と西洞院間
	14	地さうほく	同町と西洞院間
	15	こはんもち山	五条高倉と高辻間
	16	花ぬす人山	同東洞院と高倉間
	17	うかひ舟山	四条高倉と綾少路間
	18	ひむろ山	綾少路万里少路と高辻間
	19	あしかり山	錦少路東洞院
	20	はねつるへ山	四条東洞院と綾少路間
	21	まうそ山	錦少路烏丸と四条間
	22	花見の中将山	綾少路と四条間
	23	山ふしほく	四条坊門むろ町
	24	菊水ほく	錦少路と四条間
	25	庭とりほく	綾少路室町と四条間
	26	はうかほく	錦少路町と四条間
	27	しんくくわうくうの舟	四条と綾少路間
	28	岩戸山	五条坊門町と高辻間
	29	おかひき山	五条町と高辻間
	30	かまきり山	四条西洞院と錦少路間
	31	たるまほく	錦少路油少路
	32	太子ほく	五条坊門油少路と高辻間
十四日	1	すて物ほく	二条町と押少路間
	2	たいしほく	押少路と三条坊門間
	3	弓矢ほく	姉少路と三条間
	4	甲ほく	所々のくら役
	5	八幡山	三条町と六角間
	6	ふたらく山	錦少路町と四条坊門間
	7	しんくくわうく舟	四条と綾少路間
	8	やうゆう山	三条烏丸と室町間
	9	すゝか山	同烏丸と姉少路間
	10	鷹つかひ山	三条室町と西洞院間
	11	山	三条西洞院と油少路間
	12	ふすま僧山	鷹つかさ猪熊近衛と間
	13	なすの与一山	五条坊門猪熊与高辻間
	14	うし若弁慶山	四条坊門烏丸と室町間
	15	しやうめう坊山	同町と室町間
	16	泉の小二郎山	二条室町と押少路間
	17	ゑんの行者山	姉少路室町と三条間

表1 『祇園会山鉾事』に記された山鉾の一覧

おりである。また、〔表1〕をみてみると、明応九年のときには鉾は七日の「ナキナタホコ」（長刀鉾）だけで、そのほかすべてが山であり、そればかりか十四日の鵲鉾もそのすがたを消していたことがわかる。

これらのことについては、明応九年の山鉾巡行を実際に目にした公家の近衛政家《このえまさいえ》の日記『後法興院記《ごほうこういんき》』にも「山廿五、鉾一」（七日条）、「山十のほか鉾なし」（十四日条）と記されており、『祇園会山鉾事』の記述の正確さを裏づけるものとなっている。

こののち、七日のほうについては、少しずつ山が鉾へと変化（あるいは再興）していったようだが、そのいっぽうで、十四日のほうは、結局、山ばかりになったと考えられる。そのため、戦国時代の史料では、七日のほうを「七日山鉾」（「七日鉾山」）（『八坂神社文書』『二水記』）、また、十四日のほうを「十四日山々」（『二水記』）と記している。絵画史料とともに文献史料も重視する本書としては、このことをふまえて、以下、七日山鉾（前祭）、十四日山々（後祭）ということばをつかっていくことにしよう。

❖——鬮取

ところで、『祇園会山鉾事』にはつぎのような一文もみることができる。

今度御再興已後《いご》、山鉾次第、町人ら諍論《じょうろん》のあいだ、鬮取《くじとり》次第なり、前々日、町人ら愚亭《ぐてい》に来たり、鬮これを取る、現在の山鉾巡行でも、その順番をめぐって「くじ取り式」がおこなわれていることはよく知られている。右はそれにかかわるもっとも古い史料にあたるが、それによれば、明応九年に祇園会が「御再興」されたさい、「山鉾次第」(山鉾の順番)をめぐって「町人ら」が「諍論」(いい争い)をしたため、巡行の「前々日」に「町人ら」が「愚亭」(松田頼亮の屋敷)に来て「鬮」を取ったことがわかる。

右の一文は、十四日の山鉾が書きつらねられたところにつづけて記されているので、「前々日」とは六月十二日を指している。つまり、十四日山々(後祭)をめぐって鬮取がおこなわれたことが読みとれるわけだが、もっとも、七日山鉾(前祭)のところにも「祇園会山鉾次第、鬮をもってこれを定む　明応九六六」とみえるので、七日山鉾(前祭)についても前日の六月六日に鬮によって「次第」(順番)が定められたことが知られよう。

しかも、「ナキナタホコ」のところには、「先規より相定めおわんぬ」、また、「大舟」のところにも、「先規相定めおわんぬ、終《おわり》にこれを渡す」とみえる。さらには、「うしわか殿」のところにも「先規より一番なり」という、いわゆる「くじ取らず」を意味する記載がみられる。このようなことからすれば、応仁・文明の乱以前においても鬮取がおこなわれていた可能性は十分考えられよう。

それでは、その鬮はどのようにして取られていたのであろうか。残念ながら、『祇園会山鉾事』ではそのことがよくわからない。そこで、やや時代はくだるものの、江戸時代前期の延宝《えんぽう》四年(一六七六)に成立した『日次紀事《ひなみきじ》』の記事を参考にみてみることにしよう。(10)すると、そこにはつぎのように書かれていることがわかる。

まず、七日山鉾(前祭)について。「長刀鉾《なぎなた》」は「四条通り東方の先にあ」り、この鉾がすすまなければ「つぎの鉾過ぎ」ることができないので、「毎年魁首《かいしゅ》」として「鬮を取」らない。また、「函谷鉾《かんこ》」

も鉾の「第二」、「放下《ほうか》鉾」（洲浜《すはま》鉾）も「西方の終」にあるため、以上「三本」（三基）は「鬮を取」らないことになっている。

したがって、これら三基の鉾のあいだに入るように、「鶏《にわとり》鉾・菊水鉾・月《つき》鉾」の鉾三基と「天神山（油天神山）・飛天神《とびてんじん》山（霰天神《あられてんじん》山）・占出《うらで》山・太子山・山伏山・孟宗《もうそう》山（筍《たけのこ》山）・琴破《ことわり》山（伯牙《はくが》山）・白楽《はくらく》天《てん》山・郭巨《かっきょ》山・芦刈《あしかり》山・蟷螂《とうろう》山・笠鉾山二箇（綾傘《あやがさ》鉾・四条傘鉾）・花盗《はなぬすびと》山（保昌《ほうしょう》山）・木賊刈《とくさかり》山・岩戸山・船鉾あわせて十七本」が鬮を取る。

ただし、「鉾一本の後山三本連なり行く」というルールがあり、また、「放下鉾」（洲浜鉾）のあとに「岩戸山ならびに船鉾」と定まっているため、結局のところ、「鶏鉾・菊水鉾・月鉾」の鉾三基がまず鬮を取り、それにつづいて山十五基が鬮を取ることになる、と。

ここからは、明応九年段階では鉾は長刀鉾だけであったのが、鶏鉾・菊水鉾・月鉾の三基が山から鉾へと再興されていたことがわかる。と同時に、笠鉾（傘鉾）も船鉾も鉾ではなく、山としてとらえられていたことが読みとれよう。

以上のことをわかりやすく図にしてみると〔図33〕のようになる。ここからは、鬮取とはいえ、けっして単純なものではなく、かなり複雑なルールのあったことがうかがえるが、じつはこのやりかたは現在とほとんど同じである。したがって、今おこなわれている前祭の「くじ取り式」は、少なくとも江戸時代前期にまでさかのぼる可能性は高いであろう（のちにもふれるように、おそらくこのやりかたは戦国時代にまでさかのぼると考えられる）。

いっぽう、十四日山々（後祭）については、「第一」である「橋弁慶《はしべんけい》山」、そして「第九」の「鷹野《たかの》山」（樽負《たるおい》、鷹山）と「第十」の「船鉾」（大船鉾）をのぞいた「鈴鹿《すずか》山・観音山（北観音山・南観音山）・八《はち》

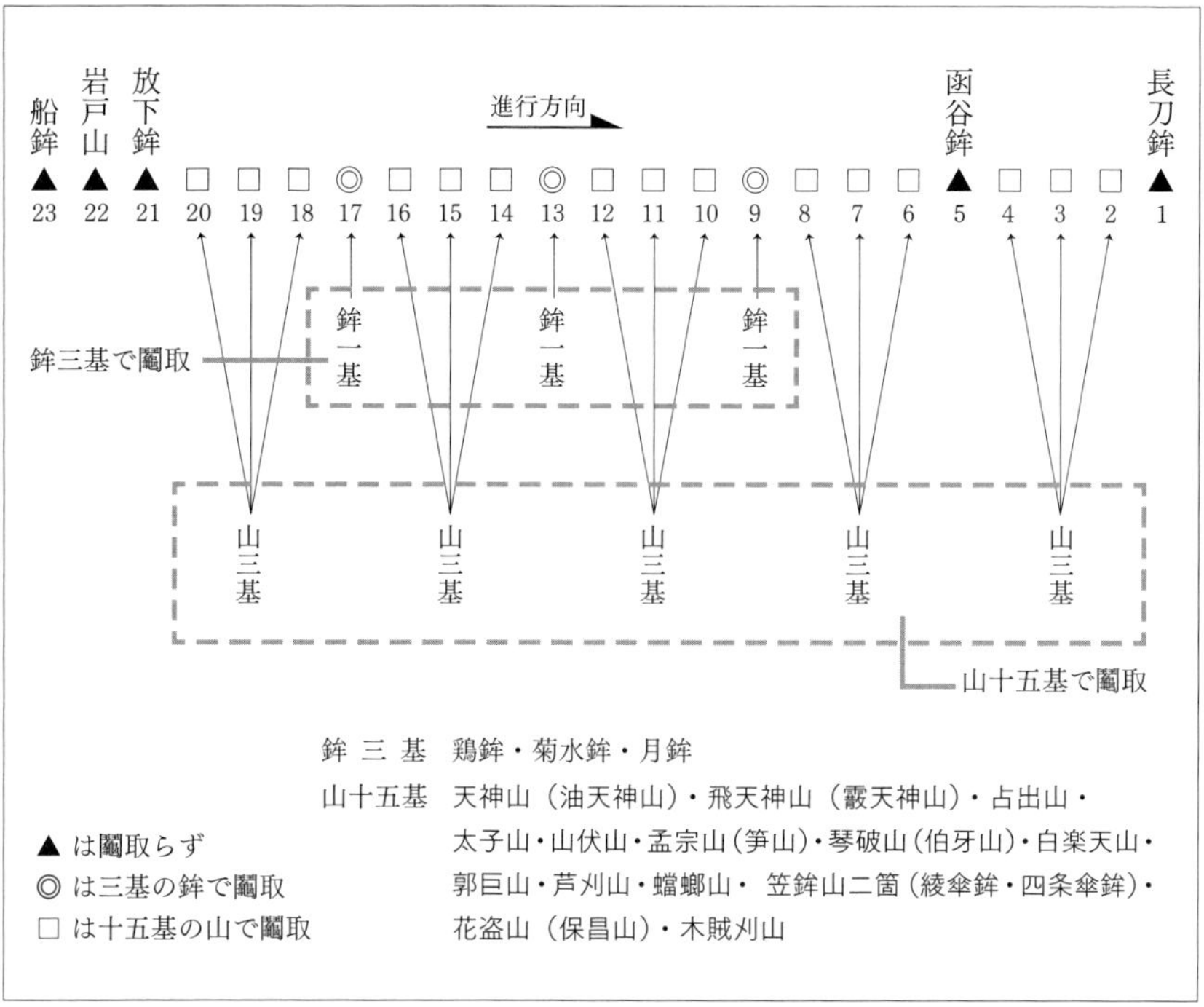

図33 『日次紀事』に記された七日山鉾の巡行の鬮取

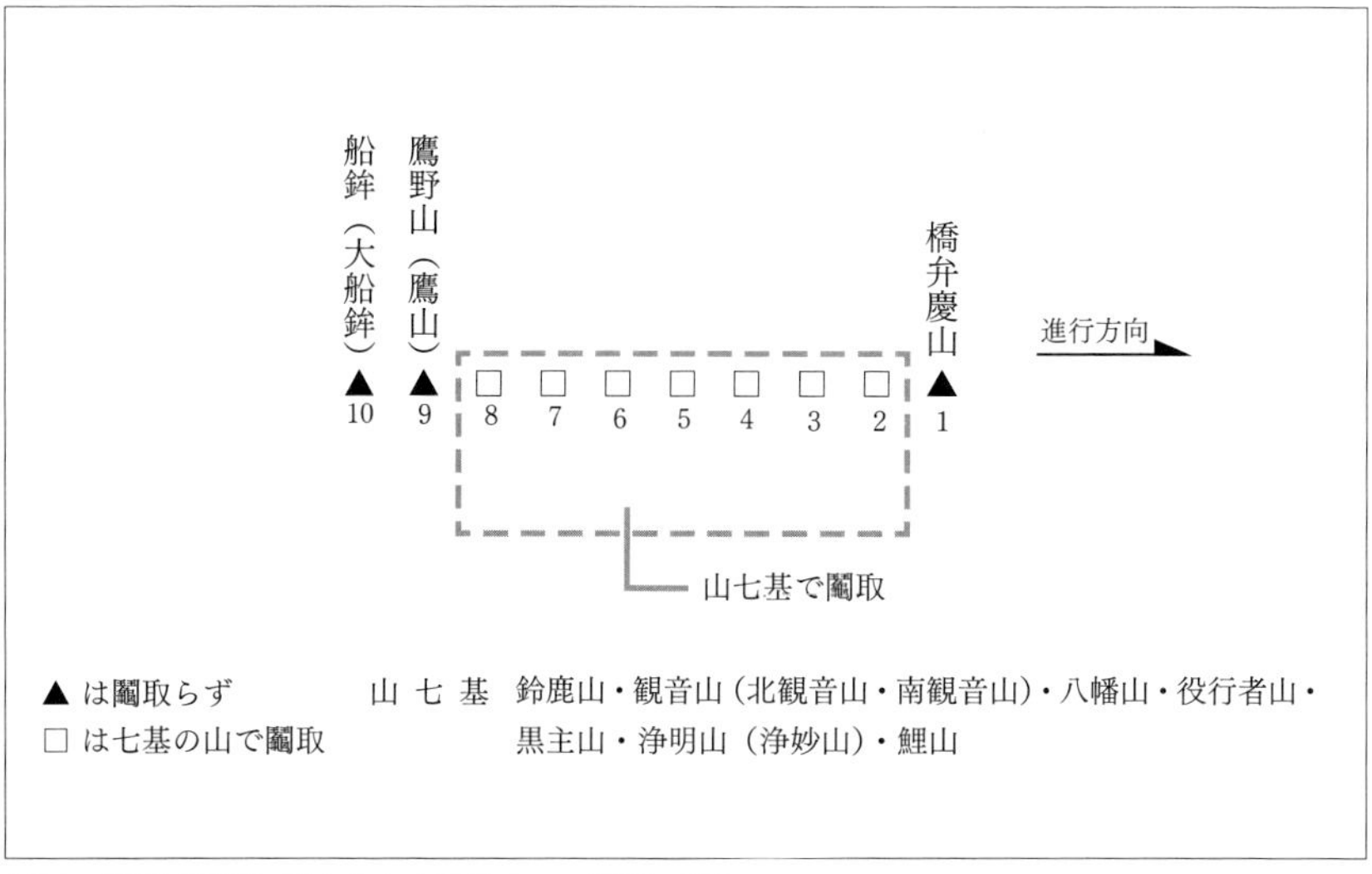

図34 『日次紀事』に記された十四日山々の巡行の鬮取

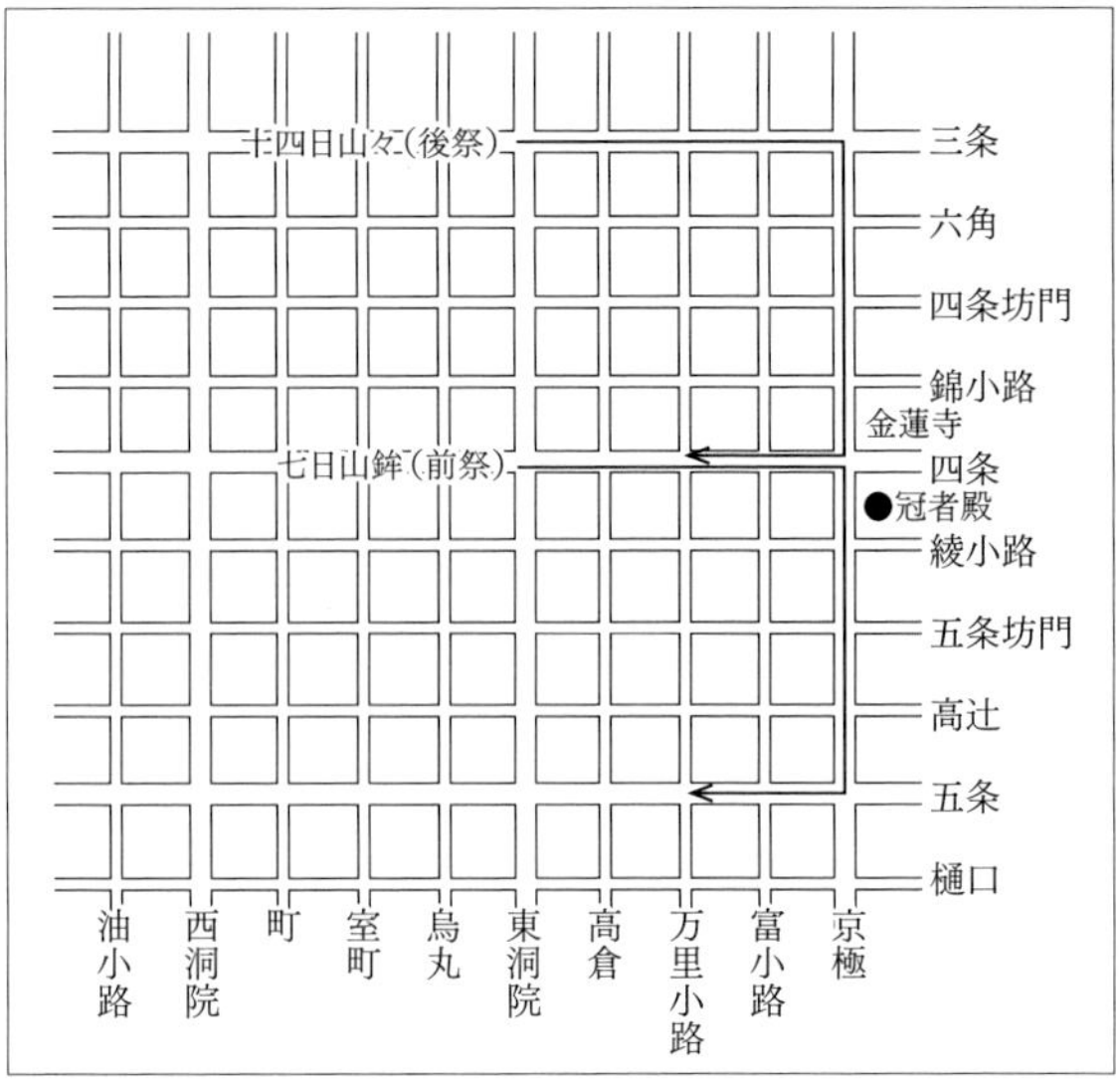

図35　戦国時代の山鉾の巡行路

幡《まん》山・役行者《えんのぎょうじゃ》山・黒主《くろぬし》山・浄明《じょうみょう》山（浄妙山）・鯉山」の山七基が鬮を取る、と『日次紀事』には記されている。明応九年のときとくらべてみると、「かつら山」と入れかわるようにして「船鉾」（大船鉾）が再興されていたことが知られるが、こちらも図にしてみると〔図34〕のようになろう。

ちなみに、幕末の火災をこうむって再興されていない鷹野山（鷹山）をのぞく橋弁慶山と船鉾（大船鉾）が、「くじ取らず」であるのは現在と同じである。そのいっぽうで、観音山（北観音山・南観音山）が「くじ取らず」になっているところは当時と大きく異なる点といえよう。

❖——巡行路

こうして、鬮取によって次第（順番）が定まった七日山鉾（前祭）・十四日山々（後祭）は、それではおのおのどのような道筋を巡行したのだろうか。じつは、この点についてもそれをはっきりと記した史料は残されていない。ただ、室町時代の下級官人であった中原康富《なかはらのやすとみ》の日記『康富記』の応永《おうえい》二十六年（一四一九）六月七日条に「桙《ほこ》山已下《いか》風流、四条已下五条に至る」とみえるので、七日山鉾（前祭）は「四条（大路、通）」から「五条（大路、通）」へと巡行したことがわかる。同様に、十四日山々（後祭）も、『康富記』嘉吉《かきつ》二年（一四四二）六月十四日条に「風流桙山笠船等、先々のごとく三条大路を渡る」とみえるので、「三条大路（通）」を巡行したことが知られよう。

もっとも、これだけでは、山鉾がすすむ方向までを知ることはできないが、あとでもみるように、上杉本など洛中洛外図屏風を参考にしてみると、長刀鉾をはじめとした山鉾は鴨川左岸付近、四条河原(11)を左にみて南行しているようすで描かれている。したがって、七日山鉾（前祭）は、四条通を西から東へと向かい、おそらく京極（東京極）大路（現在の寺町通）を南下して、五条通（現在の松原通）を東から西へと巡行したと考えられよう。

いっぽう、十四日山々（後祭）も三条通を同じく西から東へ向かい、京極大路を南下して、おそらく四条通を東から西へと巡行したと考えられる。もしこれがただしければ、これらの道筋は昭和三十一年（一九五六）に大きく変更されるまで同じとなる。巡行路は、ながきにわたって維持されてきた可能性が高くなるが、これらをわかりやすく図にすると〔図35〕のようになろう。

ちなみに、現在、山鉾巡行は午前中に、また神輿渡御は夕刻におこなわれている。戦国時代ではどうだったのかといえば、たとえば、当時来日していた宣教師ルイス・フロイスの著作『日本史』にも「午前」に山鉾巡行がおこなわれ、「午後」に神輿渡御がおこなわれたとみえるので、現在と同様であったと考えられよう。

❖――神事これなくとも、山鉾渡したき

さて、先に第一章で、戦国時代の天文《てんぶん》二年（一五三三）の祇園会が「山訴《さんそ》」（延暦寺大衆による訴訟）に

よって「停止」に追いこまれたことをみたが、そのさい、つぎのような動きも合わせてみられたことが知られている。

山鉾の儀につき、朝、山本大蔵がところへ下京の六十六町《ちょう》の月行事《がちぎょうじ》ども、触口《ふれぐち》、雑色《ぞうしき》など、みなみな来そうらいて、神事これなくとも、山鉾渡したきことじゃけにそうろう、

これは、祇園社を代表する執行《しぎょう》の日記『祇園執行日記』同年六月七日条にみえる記事である。祇園会が「停止」となると聞き、七日の朝、執行につかえる「山本大蔵」のところへ「下京の六十六町の月行事ども、触口、雑色など」がやって来たことがわかる。

ここにみえる「月行事」とは毎月交代で各町をとりしきる町の代表者を意味し、また、「触口、雑色」とは室町幕府の侍所に所属する下級役人のことを意味するが、彼らはみな「山本大蔵」に対して、「神事これなくとも、山鉾渡したき」（神事＝神輿渡御が停止になったとしても、山鉾巡行はおこないたい）と訴えたことがわかる。

ここから、この時期の山鉾が、下京に所在する「六十六」におよぶ地縁的な集団であり、共同体でもあった町によって担われていたことが読みとれる。先にもふれたように、室町時代では、山鉾は下辺（下京）という「在地」に居住する人びとやその地域にかかわる大山崎神人や大舎人など多様な人びとによって担われていた。そのことを思いかえしたとき、明応九年の再興以降、山鉾は下京に所在する町々によって担われるという大きな変化がおこっていたことがあきらかとなろう。

江戸時代以降、あるいは現在においても山町、鉾町ということばがつかわれていることからもわか

るように、山や鉾はおのおの町によって出され、巡行されている。その出発点がここにあることがあきらかになると同時に、町々が山鉾巡行をみずからの祭事と意識していたことが読みとれる点でも重要なものといえよう。

そのことをふまえたうえで注目しておく必要があるのは、神事＝神輿渡御が「停止」となると山鉾巡行も同時にできないという関係がいつごろからはじまったのかという点である。というのも、これもまた思いかえせばわかるように、山鉾が登場し、人びとの注目をあつめるようになった南北朝時代においては、神輿渡御ができないなか、およそ十年あまりにわたって山鉾巡行だけがおこなわれていたからである。

しかも、同じような状態は室町時代に入っても基本的にかわることがなかったと考えられることからすれば、どこかの段階で神輿渡御と山鉾巡行が連動するという関係がはじまっていなければならない。それでは、それはいつごろからだったのだろうか。

❖——「冬の祇園祭」

じつは、このことに注意して史料をみていくと室町時代の文安《ぶんあん》六年（宝徳《ほうとく》元年、一四四九）という年にいきあたることになる。[12] たとえば、そのことはつぎの史料からもあきらかとなる。

祇園御輿迎なり、さる六月、山門訴訟により延引せしむるものなり、例のごとく三基御旅所に出でしめたまう、桙山以下風流先々のごとく四条大路を渡るとうんぬん、

この日、祇園祭礼なり、神幸例のごとし、風流山笠桙巳下《いか》三条大路を渡るとうんぬん、さる六月延引なり、

これはともに、『康富記』にみえる記事だが、前者はその十二月七日条、また後者は十二月十四日条に記されているものである。つまり、この年、祇園会は、「山門訴訟」（山訴）による「延引」につぐ「延引」のすえ、年末にいたってようやく神輿渡御がおこなわれたことがわかるが、それに連動するかたちで山鉾巡行もまた同じ日におこなわれたことが知られよう。

前年の文安五年まではこのようなことは確認できず、しかも通常の六月七日・十四日からかぞえておよそ半年たち、季節も冬へとかわってしまった十二月中旬に山鉾巡行がおこなわれたことからも、この年を境に祇園会のありかたが大きく変わってしまったことはあきらかといえる。

実際、この文安六年以降、六月七日・十四日に祇園会がおこなえず、七月以降におくれておこなわれたのは、応仁・文明の乱をはさんで、宝徳四年（享徳《きょうとく》元年、一四五二）、康正《こうしょう》二年（一四五六）、康正三年（長禄《ちょうろく》元年、一四五七）、長禄二年（一四五八）、寛正《かんしょう》三年（一四六二）、寛正四年（一四六三）、永正《えいしょう》五年（一五〇八）、永正八年（一五一一）、永正十二年（一五一五）、永正十三年（一五一六）、永正十四年（一五一七）、永正十六年（一五一九）、大永《だいえい》三年（一五二三）、大永五年（一五二五）、大永六年（一五二六）、大永八年（享禄《きょうろく》元年、一五二八）、享禄二年（一五二九）、享禄四年（一五三一）、享禄五年（天文元年、一五三二）、天文二年（一五三三）、天文四年（一五三五）、天文七年（一五三八）、天文十一年（一五四二）、天文十八年（一五四九）、天文二十二年（一五五三）、天文二十三年（一五五四）、弘治《こうじ》三年（一五五七）、弘治四年（永禄《えいろく》元年、一五五八）、永禄三年（一五六〇）、永禄八年（一五六五）、永禄九年（一五六六）、永禄十年（一五六七）、

元亀《げんき》二年（一五七一）という年々にのぼったことが確認できるから[13]である。

仮に永正五年以降を戦国時代とすれば、この間およそ六十年あまり、そのうち少なくとも二十七回にわたって祇園会は六月七日・十四日におこなわれなかったのだから、いかに異常な状態におちいっていたかは一目瞭然といえよう。

つまり、戦国時代の祇園会とは、きわめて困難ななかでつづけられていたことがあきらかとなるわけだが、じつは天文二年の前年天文元年（一五三二）も同様であり、その年の十二月十四日、「雪降る」なかを神輿渡御はおこなわれた（『実隆公記《さねたかこうき》』同日条）。

もし、天文二年も同じようなことになれば、「冬の祇園祭[14]」が二年連続になりかねない。そのような危機感が現実味をおびたとき、「神事これなくとも、山鉾渡したき」ということばは発せられたのであり、下京の町々がこのような困難を積み重ねていくことをとおして山鉾巡行をみずからの祭事と強く意識するのと同時に、風流のはなやかさもいや増しになっていったことであろう。

洛中洛外図屏風など絵画史料に描かれた祇園会のすがただけをみていると、さも毎年、何の障害もなく平和裡に祇園会はつづけられていたかのようにみえてしまう。ところが、その背後には、六月七日・十四日に祭礼が容易におこなえないという苦難の歴史がきざまれていたのであり、それを乗りこえて現在の祭があることをわすれてはならないであろう。

なお、このような苦難の歴史は、元亀二年（一五七一）を境に終止符をうつことになる。この年の九月に織田信長によって延暦寺と日吉社が焼き討ちされ、「日吉社・山上等これなし」（『言継卿記《ときつぐきょうき》』同年十二月七日条）となったためである。山訴をおこなう延暦寺大衆と祇園社の本社である日吉社が一時的にも存在しなくなったことで、祇園会はあらたな時代をむかえることになったといえよう。

2 描かれた山鉾巡行

❖——歴博甲本に描かれた山鉾巡行

それでは、第一節でみてきたことをふまえつつ、歴博甲本や上杉本に山鉾巡行がどのように描かれているのか、それらをみていくことにしよう。

まず、歴博甲本をみてみると、コの字型に山鉾が五基ならんで巡行しているようすが目に入ってくる〔12～13頁・図5〕。描かれている山鉾の向きから考えて、先頭をすすむ二基の山鉾は鴨川と「五てうはし」（五条橋、現松原橋）を背にして東から西へと巡行し、また、最後のほうにあたる二基の山鉾は西から東へ「四条大鳥居」に向かって巡行しているようにみえる。

先にもふれたように、四条通から五条通へと巡行するのは七日山鉾（前祭）なので、描かれている山鉾はそれをあらわしていることになる。したがって、残る鉾一基が北から南へと巡行しているところは、京極大路（現在の寺町通）を意味することになろう。

明応九年（一五〇〇）の再興のさい、七日山鉾（前祭）は二十六基であったが、描かれている山鉾の数はわずかに五基であり、五分の一ほどしかみられない。ただし、このように、山鉾の数が実際と異なるのは歴博甲本にかぎられたものではなく、上杉本を含めた洛中洛外図屏風に共通している。おそらくそれは画面上の都合であり、もし仮に二十六基すべてを描こうとすれば、数珠つなぎのようにならざるをえなかったためであろう。

このような画面上の都合でいえば、「四条大鳥居」あたりに神輿渡御のすがたが描かれ、このまますすんでいくと山鉾巡行と衝突してしまいそうにみえるのも同様であるが、すでにふれたように七日・十四日ともに、山鉾巡行は「午前」に、また、神輿渡御は「午後」におこなわれていたので、そのような心配をする必要はない。歴博甲本をはじめとした洛中洛外図屏風は、六月七日の光景のみを描こうとしているため、このような実際にはありえない画面にならざるをえなかったのであろう。

つぎに、五基の山鉾のほうに目をこらしていくことにしよう。ただし、先にもふれたように、室町時代や戦国時代の史料では山鉾がどのようなすがたをしていたのか、あるいはまた、どのようにして曳かれたり、担がれたりしていたのかまったくといってわからない。

そこで、ここでは、民俗学の立場から「図像による祇園祭山鉾の比較研究」の「基準と指標」として位置づけられ(15)、また、「祇園会に関する総合的な案内記・手引き書」(16)としても知られる、江戸時代後期、宝暦《ほうれき》七年（一七五七）に刊行された『祇園会細記《さいき》』（『祇園御霊会細記』(17)）をたよりに山鉾をみていくことにしよう(18)。

もっとも、そこで記録されている山鉾の情報と戦国時代とのあいだにはおおよそ二百年以上もの間隔があり、その間に山鉾のすがたが変化をとげたであろうことは容易に想像される。しかしながら、現在のところ、戦国時代の山鉾にかかわるくわしい情報が知られていない以上、当面はこの『祇園会細記』にたよらざるをえない。よって、著者としては、これからみていく山鉾の名称などについては、あくまでひとつの仮説としてとらえていることをあらかじめことわっておきたいと思う。

そこでまず、五条通（現在の松原通）を先頭をきってすすむ一基の山鉾〔図36・右〕に目をこらしてみよう。すると、そのもっとも高いところに長刀がかざられていることがみてとれる。これにより、この一基が『祇園会細記』がいうところの「三条小鍛冶宗近《さんじょうこかじむねちか》が作」の長刀で知られる長刀鉾と考えられる。また、それがもしただしければ、長刀鉾がいわゆる「くじ取らず」として一番先に巡行していたことが絵画史料によって裏づけられることとなろう。

そのすがたかたちも『祇園会細記』に載せられている絵や現在のものと同じようみえ、戦国時代の長刀鉾もまた、四つの大きな車輪をそなえた巨大な構築物として多くの人びとによって曳かれていた可能性が指摘できよう。

この長刀鉾と考えられる鉾につづいて、五条通をすすむもう一基の山鉾〔図36・左〕をみてみると、こちらには車輪がなく、人びとによって担がれて巡行していることがわかる。また、大きな松が植えられた山のまえには斧をもつ人物と琴の造物がみえる。『祇園会細記』で「伯牙、琴を破《わ》らんとする体《てい》」と説明される琴破山（現在の伯牙山）の可能性が高いであろう。

この琴破山のように、人びとによって担がれて巡行する山を舁山《かきやま》とよんでいるが、それに対して、雲に隠れつつも京極大路（現在の寺町通）を南下する一基の山鉾〔図37〕は、長刀鉾と考えられる鉾と同じすがたのようにみえる。ただし、もっとも高い鉾先（鉾頭《ほこがしら》という）には、「半月」（「三日月」）のようなかざりがみてとれるので、『祇園会細記』が「鉾の末に半月のかたちあるゆえ、月鉾」と説明する月鉾と考えられよう。

ちなみに、長刀鉾と琴破山については、『祇園会山鉾事』の明応九年再興分のなかに「ナキナタホコ」「琴ハリ山」としてその名がみえる。それに対して、月鉾の名は見いだせない。ただ、『祇園会山

図36　右より長刀鉾、琴破山（歴博甲本・部分、右隻一扇）　※以降、図版解説の山鉾名称については、本文中で比定した山鉾名で記した。

鉾事』にみえる「かつら男ほく」（応仁乱前分）、「かつら男山」（明応九年再興分）の「かつら男」は、月の世界に住む伝説上の男を意味しているので、これと関係するのかもしれない。それがもしただしければ、歴博甲本が描かれたころには山から鉾へと再興をとげていた一基となろう。

　四条通を巡行している二基の山鉾（図38）に目をうつしていくと、先にすすむ一基の山鉾のほうは長刀鉾や月鉾とそのすがたが同じであることがみてとれる。そこで、その鉾頭をみてみると、そこには洲浜形《すはまがた》（州浜を上から見おろしたような、周囲に出入のあるかたち）のかざりがつけられていることがわかる。洲浜鉾ともよばれた放下《ほうか》鉾と考えられよう。もっとも、『祇園会細記』では、「じつは三光をかたどるゆえ、丸きもの三つ

図37　月鉾（歴博甲本・部分、右隻二扇）

図38　左より放下鉾、蟷螂山（歴博甲本・部分、右隻二扇）

なり、金箔を置き光あり、下へ二つ出る」という説明がなされている。

その放下鉾と考えられる鉾につづく一基は、一見すると車輪がついているようにみえるが、よくみてみると昇山であり、車輪は造物の御所車のもの、しかもそのうえには大きな蟷螂《かまきり》の造物がすえられていることがわかる。

現在でも同じようなすがたをし、また、『祇園会山鉾事』でも「いほしり山」とみえる蟷螂《とうろう》山と考えられよう。『祇園会細記』には、「車の廂《ひさし》のうえに蟷螂ありて、臂《ひじ》を動かし羽をつかう、この間に車の輪まわる」と記されているが、戦国時代でも同様だったのかもしれない。

以上が『祇園会細記』をたよりにしてみた五基の山鉾の名称となるが、

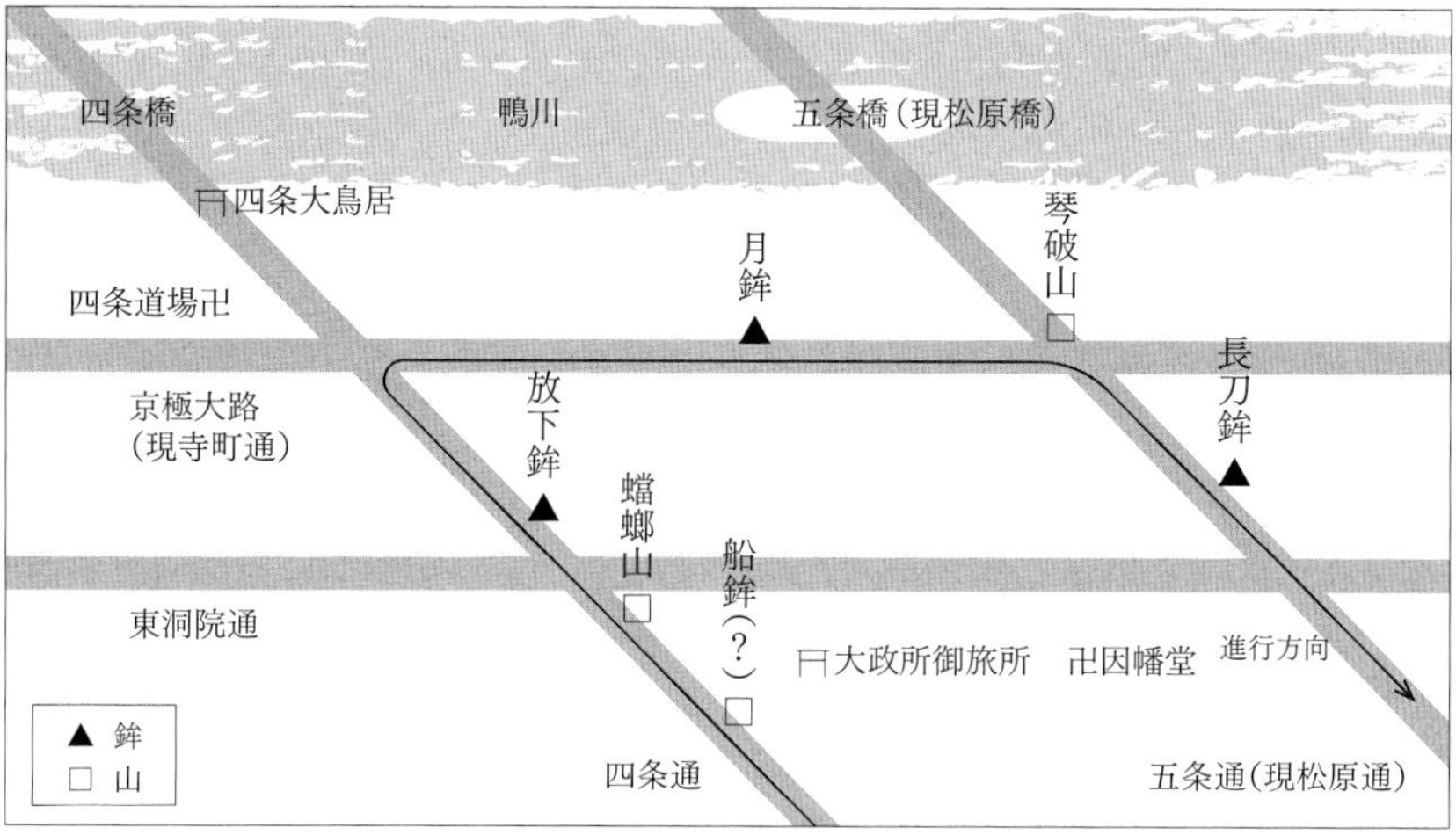

図39　歴博甲本（12〜13頁〔図5〕）の山鉾並び順

ただ、こうなると蟷螂山と考えられる山が最後に巡行していることになる。『祇園会山鉾事』でも、七日山鉾（前祭）の最後は「くじ取らず」の「大舟」（船鉾）となっている以上、京都のことにくわしい人びとがこの屛風をみたならば、当時でもかなりの違和感を感じたことであろう。

じつはこの点に関連して注目されるのが、歴博甲本では、蟷螂山と考えられる山が描かれているところの下側一帯に画面の大きな欠損部分がみられるという点である。そして、そこには船鉾が描かれていたのではないかという研究[19]もある。それがもしただしければ、山鉾の数こそ違え、歴博甲本は、可能な範囲でより実際に近いすがたを描きこもうとしていたと考えられよう。一応、以上みてきたことを図にまとめると〔図39〕のようになる。

❖——上杉本に描かれた山鉾巡行

それではつぎに、上杉本に描かれた山鉾巡行〔図40〕についてもみていくことにしよう。まず最初に、歴博甲本と同じようにコの字型に山鉾がならんでいるようすがみてとれるが、その数が八基と歴博甲本より多いのが特徴である。また、先頭のほうは、京極

図40　上杉本洛中洛外図屏風の右隻二・三扇に描かれた山鉾巡行部分

図41　右より長刀鉾、蟷螂山、笠鉾および冠者殿（上杉本・部分、右隻二・三扇）

大路（現在の寺町通）を南下しつつあるところでとどまり、歴博甲本のように五条通（現在の松原通）まで到達していないこともみてとれる。

鉾頭から、その先頭をすすんでいるのは長刀鉾と考えられるが、それにつづく、蟷螂の造物から蟷螂山と考えられる山は大きな樹木とその下にみえる小さな社の手前を南下しているようすで描かれている〔図41〕。

そして、その小さな社の横には、「くわぢやとの」という墨書がみえ、冠者殿《かじゃどの》（官者殿《かじゃどの》）を描いていることがわかる。

この冠者殿は、現在もほぼ同じ場所にあり、また、描かれていた大きな樹木が榎木であることや、その榎木が何代にもわたって植えかえられて明治時代まで残されていたこともあきらかにされている[20]。

先にみた歴博甲本には、この冠者殿と榎木は描かれていないが、秀吉の時代になって、大政所御旅所と少将井御旅所がわざわざこの冠者殿の近くに移されたことを考えると、祇園会にとってはとりわけ重要な場所であったといえよう。

図42　函谷鉾（上杉本・部分、右隻三扇）

その冠者殿と榎木のちょうどまえあたり、四条通と京極大路が交差したところには笠鉾（傘鉾）のすがたがみえる〔図41・左下〕。「傘の上　花瓶に生《いき》の松」と『祇園会細記』で説明される「四条西洞院《にしのとういん》西へ入る町」の「傘鉾」（現在の四条傘鉾）と考えられよう。

上杉本には、この笠鉾と先の長刀鉾・蟷螂山と考えられる山鉾のほかにも五基の山鉾が描かれているが、そのすがたかたちからいずれも歴博甲本にはみられない。そこで、それらについて、『祇園会細記』をたよりにみていくと、笠鉾につづいて四条通を西から東へとすすむ鉾〔図42〕はその鉾頭「月に山形」から函谷鉾、また、そのうしろにつづく山〔図43・右上〕は「白居易《はくきょい》」（白楽天）が「松の上に座す」「道林禅師《どうりんぜんじ》」に「道」（仏法）をたずねる造物から白楽天山、そして、そのうしろにつづく鉾〔図43・中央〕も鉾頭「三角のうち」に「日の丸」から鶏鉾、さらに、鶏鉾につづく山〔図44〕には「伊弉《いざ》諾尊《なぎのみこと》」の造物がみえるので、岩戸山と考えられる。

ちなみに、岩戸山と考えられる山は、上杉本でも昇山ではなく、四つの車輪をもち、人びとによって曳かれる曳山として描かれている。それは、『祇園会細記』でも同様であり、現在では、そのすがたは長刀鉾などとほとんど同じようになっている。

もっとも、現在のものでも、かつ

図43　右上の白楽天山と、中央の鶏鉾（上杉本・部分、右隻三扇）

て山の造物に植えられていた松のなごりが残されており、鉾ではなく山であることが区別できるようになっている。このような点も祇園会山鉾の特徴といえよう。

ここまでみてきた七基のうち、長刀鉾・蟷螂山・笠鉾・白楽天山・鶏鉾と考えられる五基については、『祇園会山鉾事』の明応九年再興分のなかに「ナキナタホコ」「いほしり山」「かさはやし」「伯楽天山」「にわ鳥山」としてその名がみえる。

そのいっぽうで、「凾谷鉾」と「岩戸山」については、その名がみえない。ただ、「応仁乱前分」のなかには「かんこくほく」「岩戸山」の名がみえるので、「にわ鳥山」が鶏鉾（「庭とりほく」）へと再興していったのと同じように、明応九年以降に再興して

図44　岩戸山（上杉本・部分、右隻三扇）

いった可能性が考えられよう。

ところで、歴博甲本とくらべたとき、上杉本で注目されるのは、八基の山鉾の最後に町通（現在の新町通）を北上している船鉾と考えられる風流のすがたがみえる点である〔図45〕。もしそれがただしければ、戦国時代の長刀鉾と船鉾が「くじ取らず」として、七日山鉾（前祭）の先頭と最後をかざっていたことが絵画史料でも裏づけられることになる。

しかも、その船鉾のまえには岩戸山と考えられる山が描かれている点も重要であろう。先にみたように、江戸時代前期の鬮取においては、七日山鉾（前祭）の最後は放下鉾・岩戸山・船鉾と定まっていたからである。

残念ながら、上杉本では、岩戸山のまえは放下鉾ではなく鶏鉾とみられる鉾となっているが、岩戸山・船鉾と考えられる山鉾のならびが単なる偶然とは思えない。明応九年の再興の時点では、いまだ定まってはいなかった放下鉾・岩戸山・船鉾という「くじ取らず」のならびが、あるいは上杉本が描かれたころにはできあがりつつあった可能性が指摘できよう。以上みてきたことを、歴博甲本と同じように図にまとめると〔図46〕のようになる。

図45　船鉾（上杉本・部分、右隻三扇）

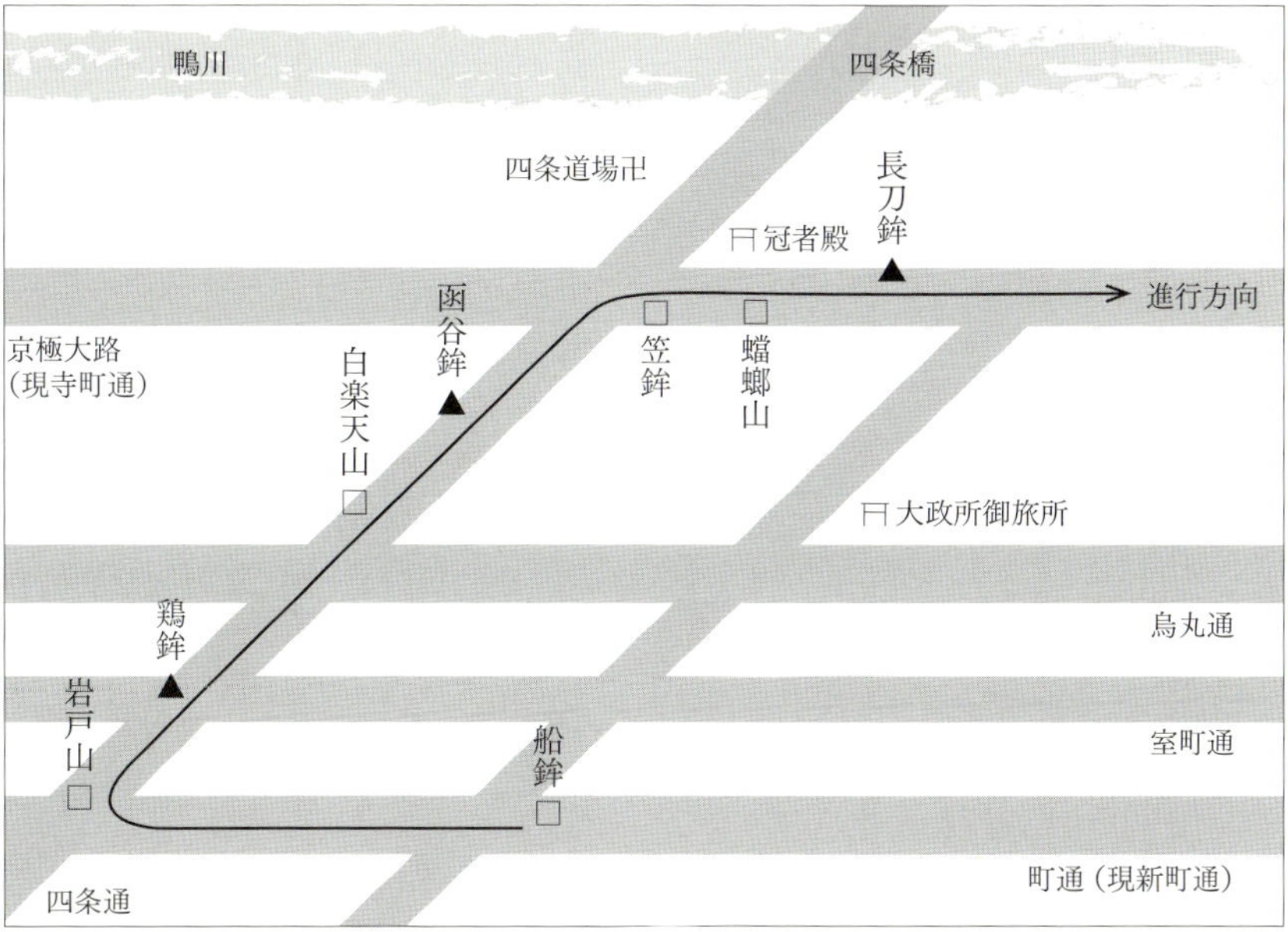

図46　上杉本（100頁〔図40〕）の山鉾並び順

❖——サントリー本に描かれた山鉾巡行

最後に、サントリー本〔20～21頁・図8〕に描かれた山鉾巡行についてもみていくことにしよう。このサントリー本にみえる山鉾巡行については、とくに美術史の立場から亀井若菜氏(21)が検討を加えており、重複する部分も少なくないかもしれないが、ここでもまた、その巡行路や順番などに注目しつつみていくことにしよう。

そこでまず、全体的なところからみていくと、すでに亀井氏も指摘されているように、描かれている山鉾の数が歴博甲本・上杉本とくらべて圧倒的に多いことに目がいく。その数二十二基にもおよぶが、ただ、注意しておかねばならないのはこのうちの六基が十四日山々（後祭）であり、そのすべてが七日山鉾（前祭）ではない点であろう。

歴博甲本や上杉本にみられない十四日山々（後祭）が描かれているのは、第一章でもふれたように、サントリー本が神輿渡御として十四日の還幸のすがたを描いているためであろう。十四日の還幸＝祇園御霊会の光景を描く以上、十四日山々（後祭）を描かないわけにはいかなかったと考えられる。

ところが、その十四日山々（後祭）より七日山鉾（前祭）のほうが数多く描かれているというのは、まったく矛盾しているといわざるをえない。歴博甲本や上杉本のように、午前と午後の祭事を同じ画面に描くのはやむをえないとしても、十四日の還幸の日に七日山鉾が巡行するとは通常考えられないからである。

なぜそのような矛盾したすがたを描かざるをえなかったのかという点については、第三章で考えることにして、ここでは、これまでと同じように七日山鉾（前祭）のほうに焦点を合わせてみていくことにしよう。
すると、「四条大鳥居」の延長線の道筋、すなわち四条通に十一基の山鉾がならんでいるようすが目に入ってくることになる。また、「四条大鳥居」にもっとも近いところの鉾の向きをみてみると、上杉本にも描かれていた大きな榎木とその下の冠者殿（図47・右下）の脇を南下するすがたで描かれていることがわかる。これらのことから、サントリー本に描かれた七日山鉾（前祭）もまた、四条通から京極大路（現在の寺町通）を南下する道筋で巡行していたと考えられよう。

もっとも、これら十一基に先行する山鉾五基（図47・左下）については横ならびに描かれているものの、それがどこをすすんでいるのか雲に隠れてよくわからない。しかし、これまでみてきたことをふまえるならば、これら五基は京極大路か、あるいは五条通（現在の松原通）を巡行しているとみるのが自然であろう。

そこで、この五基の山鉾から順番に『祇園会細記』をたよりにみていくと、先頭の鉾の鉾頭には長刀が、また、つぎの鉾の鉾頭にも「月に山形」がみえることから、これら二基は長刀鉾と函谷鉾と考えられる。

これがただしければ、長刀鉾が先頭を巡行していることがここでも確認できるわけだが、これらにつづく二基はともに山であり、まえをすすむ山には、「平井《ひらい》の保昌《やすまさ》、禁庭《きんてい》の花盗み取り、官女へつかわす体《てい》をうつした」造物がみえることから花盗人《はなぬすびと》山（現在の保昌山）、そのあとは、「占出山は人皇十五代神功皇后《じんぐうこうごう》の尊体」の造物がみえることから占出山と考えられる。

そして、これら二基の山につづく鉾のうち、まえのほうの「鉾の頭に菊」がみえることから菊水鉾、そのあとが冠者殿の脇を南下する鉾で、鉾頭が「半月」（三日月）であることから月鉾と考えられよう

〔図47・右〕。

月鉾と考えられる鉾につづいて四条通を巡行する山鉾のほうにも目をうつしていくと、東のほうからまず笠鉾（傘鉾）〔図47・中央付近〕のすがたがみえ、「傘の上に鶏」がみえるので、「綾小路《あやのこうじ》室町《むろまち》西へ入町」の笠鉾（現在の綾傘鉾）と考えられる。

この笠鉾と考えられる一基につづく二基〔図47・中央付近左〕はともに山であり、蟷螂の造物がみえることから蟷螂山と「道林禅師、松樹の上に座す」造物がみえることから白楽天山と考えられよう。

白楽天山と考えられる山から少しあいだをあけて、四基の山鉾のすがた〔図48〕がみられるが、先頭の鉾は鉾頭が「三角のうち」に「日の丸」であることから鶏鉾、それにつづく山も「雪中に筍《たけのこ》生じ」、それを「掘り取る」「孟宗という人」の造物がみえることから孟宗山と考えられる。

残り二基はともに山であり、孟宗山と考えられる山の下側に描かれているほうには、「伯牙、琴を

図47　左下の雲の中に描かれているのが先行する山鉾五基(左より長刀鉾、函谷鉾、花盗人山、占出山、菊水鉾)。続いて右より四条通を巡行する月鉾、笠鉾、蟷螂山、白楽天山。右下に冠者殿が描かれている。(サントリー本・部分、二・三・四扇)

図48　右が鶏鉾。続いて左に描かれる三基の山は、上から孟宗山、琴破山、芦刈山。
（サントリー本・部分、四・五扇）

図49　右より放下鉾、岩戸山、船鉾（サントリー本・部分、六扇）

破らんとする体」の造物がみえることから琴破山（現在の伯牙山）、その左横の山には、「右の手に鎌、左の手に芦を持つ」人の造物がみえることから芦刈山と考えられよう。

十一基のうちの最後の三基〔図49〕は、東洞院通をはさんで西側に描かれている。先頭の鉾は、その鉾頭に洲浜形のかざりがみえるので、放下鉾（洲浜鉾）、つぎは山で、『祇園会細記』に「伊弉諾尊《いざなぎのみこと》の人形、山のうえにありて釣竿のごときものをもちたまうは、天浮橋《あめのうきはし》のうえより逆鉾《さかほこ》をくだしたまい「洞中に太神宮ましますところは、天の岩戸を出でたまう尊容なり」という説明に合致する岩戸山、そして最後は船のすがたをしているので船鉾と考えられる。

以上、『祇園会細記』をたよりにみてきた十六基の山鉾の名称をあらためて確認しておくと、長刀鉾・函谷鉾・花盗人山・占出山（神功皇后山）・菊水鉾・月鉾・笠鉾（傘鉾、綾傘鉾）・蟷螂山・白楽天山・鶏鉾・孟宗山・琴破山（伯牙山）・芦刈山・放下鉾・岩戸山・船鉾となるが、注目すべきはやはり最後の三基のならびであろう。

なぜなら、これによって、江戸時代前期に確認できる「くじ取らず」の放下鉾・岩戸山・船鉾というならびが、サント

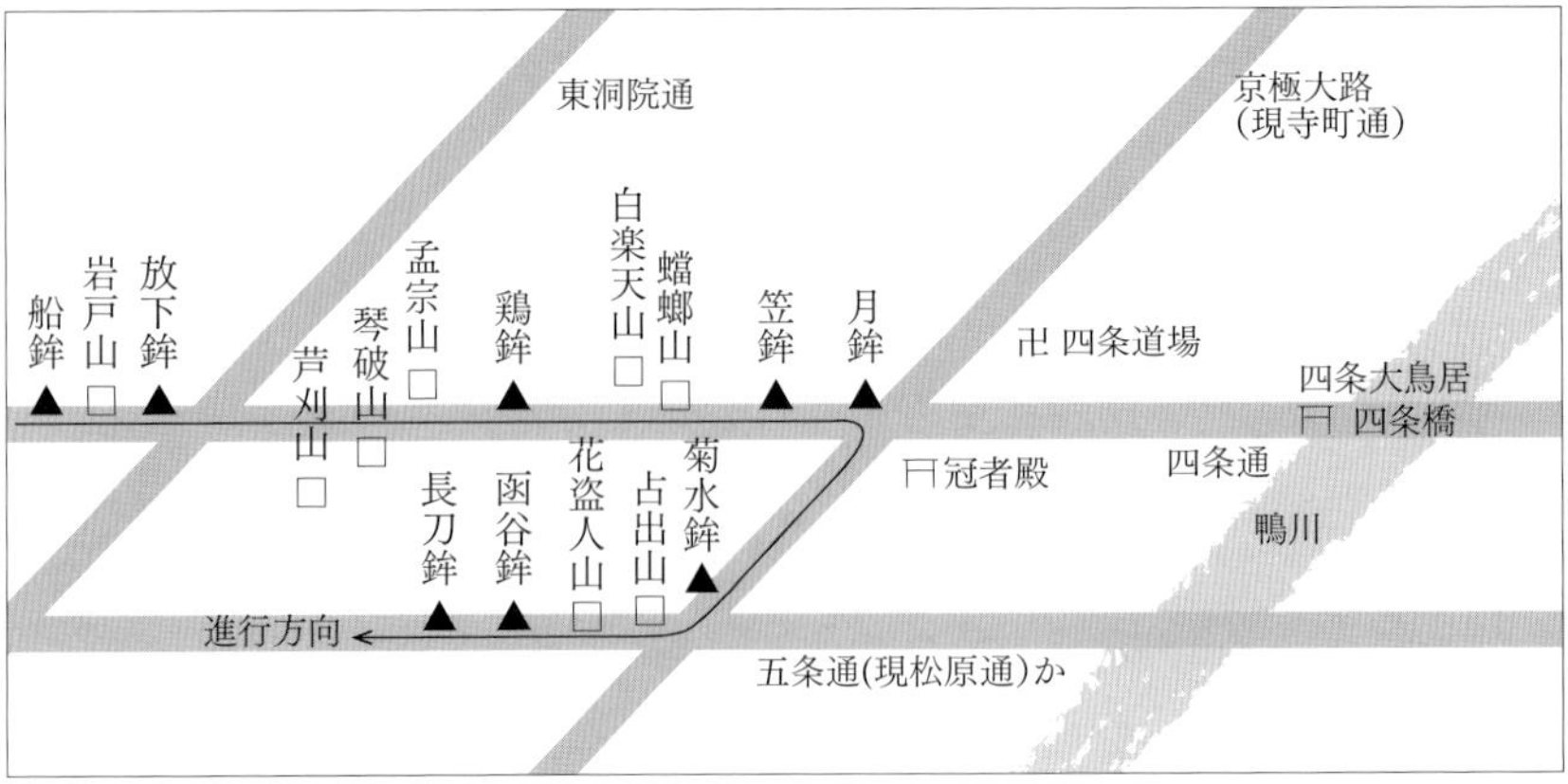

図50　サントリー本（20〜21頁〔図8〕）の七日山鉾並び順

リー本が描かれたころにまでさかのぼる可能性が出てくるからである。

そのうえ、月鉾と鶏鉾と考えられる鉾のあいだに山が三基、鶏鉾と放下鉾と考えられる鉾のあいだにも山が三基確認できることからすれば、「鉾一本の後山三本連なり行く」というルールもまた同様だった可能性は高い。よって、現在おこなわれている七日山鉾（前祭）の鬮取のありかたも戦国時代に起源をもつ可能性は高いであろう。[22]

なお、十六基におよぶ山鉾のうち、『祇園会山鉾事』の明応九年再興分と合致するのは、「ナキナタホコ」「内裏ノ花ヌス人山」「神功皇后山」「菊水山」「かつら男山」「こきやこはやし」「いほしり山」「伯楽天山」「にわ鳥山」「まうそう山」「琴ハり山」「あしかり山」「はうか山」「大舟」となり、「かんこくほく」と「岩戸山」については、上杉本のときと同様に、その後に再興されたものと考えられる。以上みてきたことをまとめると〔図50〕のようになろう。

❖——描かれた十四日山々（後祭）

さて、サントリー本には、歴博甲本や上杉本には描かれていない十四日山々（後祭）もみることができる〔図51〕。よって、それらについても『祇園会細記』をたよりにみていくことにしよう。まず最初に気づくこととしては、描かれた山々の数が六基にとどまっており、『祇園会山鉾事』の明応九年再興分の十基にはおよばないということがあげられる。

その理由をあきらかにすることはできないが、描かれた山々が七日山鉾（前祭）のように巡行のすがたではないということとも関係するのかもしれない。したがって、描かれたようすから十四日山々（後祭）の道筋をたどることはできない。

そこで、とりあえず東（画面の右）のほうから順にみていくと、三条通と烏丸通が交差したところから少し北側（画面の上）にみえる山〔図51・右上〕には、「左手に長刀をもち、右手に末広《すえひろ》をもち、金の烏帽子《えぼし》を着す」「鈴鹿御前《すずかごぜん》」のすがたが目に入ってくることから鈴鹿山と考えられる。また、そこから三条通を西側（画面の左）に入ったところにみえる山〔図51・中央左側付近〕には、「一人の従者、樽を負い、手に粽《ちまき》をもちて食うありさまおかしげな」造物が確認できるので、「樽負山」ともよばれた鷹山と考えられよう。

三条通をそのまま西（画面の左）へとすすみ、室町通と交差したところにも二基の山が描かれている〔図51・左上〕が、画面の上のほうの山には、「女体」の「葛城《かつらぎ》の神」と「赤熊《しゃぐま》かしら、手に斧をもつ」「善鬼《ぜんき》」の造物がみえることから役行者山、下のほうの山には「朱鳥居」とその鳥居の上の「笠木《かさぎ》に鳩二羽向かいあう」すがたがみられるので、八幡山と考えられる。

ちなみに、この八幡山と考えられる山には、八反裕太郎氏(23)が指摘されているように、車がついていることがわかる。描かれているほかの山がすべて舁山と思われるので、戦国時代の十四日山々（後祭）のなかにすでに曳山があったことを伝える貴重な手がかりとなろう。

六基のうち、残りの二基〔図51・左下〕は六角通とおぼしき道筋にみられる。そのうち東側にあたる

図51　十四日山々（サントリー本・部分、五・六扇）。右上に鈴鹿山、中央左側付近に鷹山。左上に二基の山があり、上が役行者山で下が八幡山。下に二基の山があり、右が橋弁慶山で左が浄妙山。

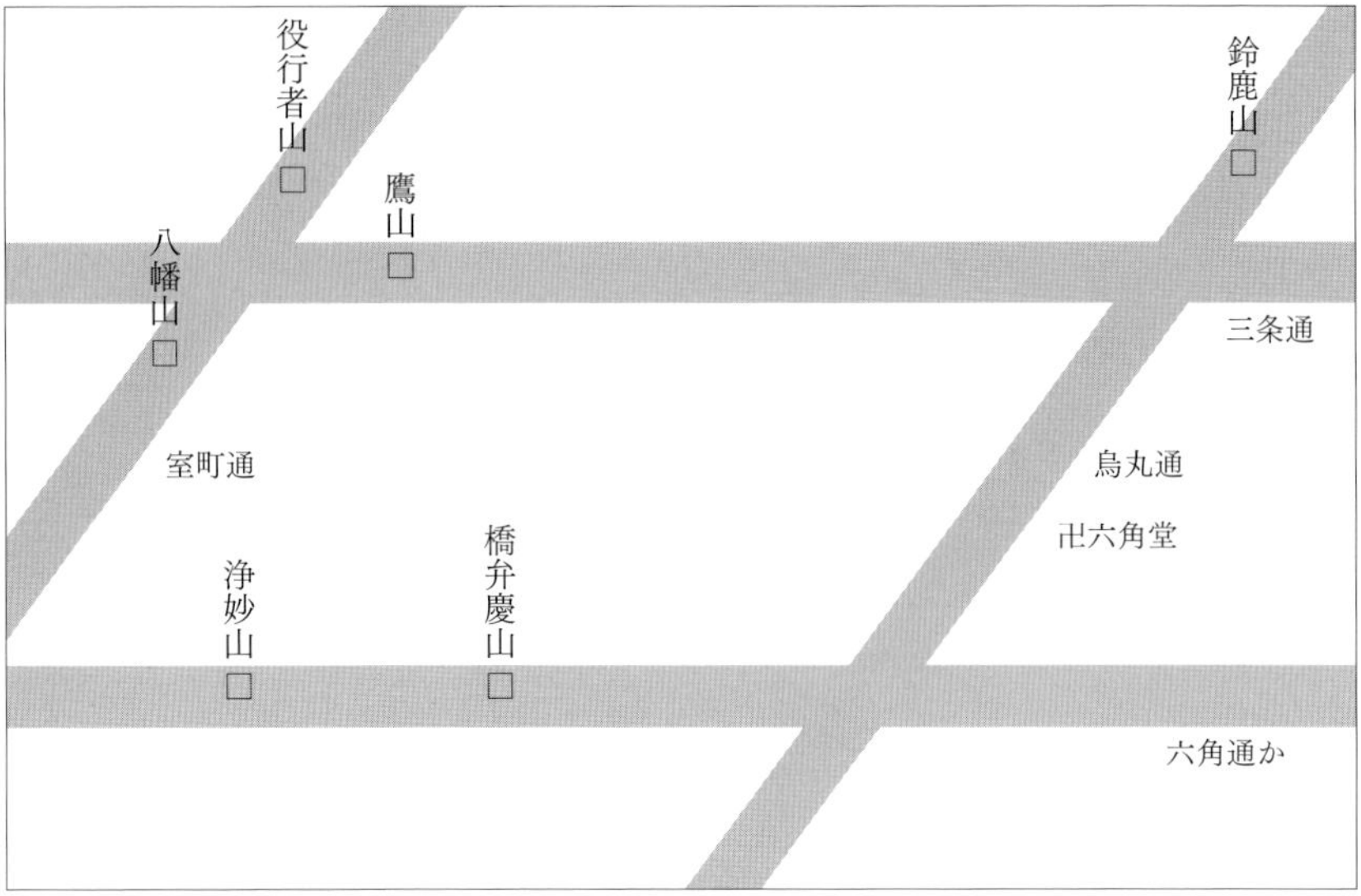

図52　サントリー本の十四日山々（114〜115頁〔図51〕）並び順

右の山は、「源義経、武蔵坊弁慶、五条の橋にて戦いて、義経ついに弁慶を組みふせ、主従の契約をなしたる」ことを造物にした橋弁慶山、その左の山は、「宇治橋のなかを引き放したるに、一来法師《いちらいほうし》、浄妙《じょうみょう》が頭をおさえて、悪《あ》しうそうろう御免あれ、というてはね越える体《てい》を模」した浄妙山と考えられる。

以上が『祇園会細記』をたよりにしてみた六基の山々の名称となるが、それらの山部分に目をこらしてみると、造物の山がひとつではなく、ふたつあり、そこに植えられた松もまた二本であることに気づく。

このように、山がふたつ描かれているのは、じつは歴博甲本や上杉本でも同様であり、植木行宣氏[24]によれば、この「二ツ山」は、歴博甲本など「いわゆる初期洛中洛外図に限られる図様」であるという。

また、そこに植えられた松も「真松」ではなく、「老松」であるところにも特徴がみられるとされている。たしかに、樹齢を重ねていない若松というより、枝ぶりのよい老松とよぶにふさわしいものばかりがサントリー本でも描かれているようにみえる。

	現在の山鉾名	祇園会山鉾事		歴博甲本		上杉本		サントリー本	
		次第	山鉾名	山鉾名	次第	山鉾名	次第	山鉾名	次第
七日山鉾（前祭）	長刀鉾	一番	ナキナタホコ	長刀鉾	一番	長刀鉾	一番	長刀鉾	一番
	油天神山	二番	天神山						
	蟷螂山	三番	いほしり山	蟷螂山	五番	蟷螂山	二番	蟷螂山	八番
	太子山	四番	たい子のそま入山						
	保昌山	五番	内裏ノ花ヌス人山					花盗人山	三番
	(現在なし)	六番	花見中将山						
	(現在なし)	七番	タルマ山						
	月鉾	八番	かつら男山	月鉾	三番			月鉾	六番
	山伏山	九番	山伏山						
	白楽天山	十番	伯楽天山			白楽天山	五番	白楽天山	九番
	孟宗山	十一番	まうそう山					孟宗山	十三番
	占出山	十二番	神功皇后山					占出山	四番
	四条傘鉾	十三番	かさはやし			笠鉾	三番		
	放下鉾	十四番	はうか山	放下鉾	四番			放下鉾	十四番
	霰天神山	十五番	天神山						
	郭巨山	十六番	みち作山						
	伯牙山	十七番	琴ハり山	琴破山	二番			琴破山	十一番
	菊水鉾	十八番	菊水山					菊水鉾	五番
	※布袋山(休み山)	十九番	布袋山						
	綾傘鉾	廿番	こきやこはやし					笠鉾	七番
	(現在なし)	廿一番	はうか山						
	(現在なし)	廿二番	山伏ミ子入山						
	芦刈山	廿三番	あしかり山					芦刈山	十二番
	(現在なし)	廿四番	八幡山						
	鶏鉾	廿五番	にわ鳥山			鶏鉾	六番	鶏鉾	十番
	船鉾	廿七(六)番	大舟	(船鉾?)	(六番?)	船鉾	八番	船鉾	十六番
	函谷鉾					函谷鉾	四番	函谷鉾	二番
	岩戸山					岩戸山	七番	岩戸山	十五番
	木賊山								
十四日山々（後祭）	橋弁慶山	一番	うしわか殿					橋弁慶山	
	八幡山	二番	八わた山					八幡山	
	鈴鹿山	三番	すゝか山					鈴鹿山	
	北観音山	四番	くわんおんふたらく						
	南観音山								
	浄妙山	五番	あしうさうしやうミやう					浄妙山	
	黒主山	六番	大友の黒主						
	鯉山	七番	龍門瀧						
	(現在なし)	八番	かつら山						
	役行者山	九番	ゑんの行者					役行者山	
	※鷹山(休み山)	十番	たか山					鷹山	
	大船鉾								

表2 『祇園会山鉾事』と各屏風の対照表

この老松もまた、植木行宣氏によれば、造物であるとされているが、『祇園会細記』に描かれた松が「生《いき》の松」と説明され、現在の山の松も同様であることをふまえたとき、「二ッ山」と老松の存在は、戦国時代の山とそれ以降の山とを区別する指標となりえるのかもしれない。そして、それが絵画史料によってのみ知られることも重要といえよう。以上みてきたことをまとめると〔図52〕のようになる。

❖——逆流する山鉾巡行

ここまで、歴博甲本・上杉本・サントリー本に描かれた山鉾巡行についてみてきたが、そのうち描かれた山鉾の名称を確認するため、『祇園会山鉾事』と現在のものとをならべてみると〔表2〕のようになる。

ここから何か顕著な特徴が読みとれるのかといえば、むずかしいところといわざるをえない。ただ、仮に歴博甲本に船鉾が描かれていたとするならば、七日山鉾（前祭）については、いわゆる「くじ取らず」で先頭と最後をかざる長刀鉾と船鉾を描こうという意志だけはうかがうことができよう。それはとりもなおさず、七日山鉾（前祭）の巡行が四条通を西から東へとすすみ、京極大路（現在の寺町通）を南下することをあらわそうとしていたことのあかしといえる。

ところが、そのように考えたとき、問題となるのが、歴博甲本・上杉本・サントリー本と同時期に描かれたとされている東京国立博物館所蔵模本洛中洛外図屏風（以下、東博模本）〔図53〕と国立歴史民俗博物館所蔵乙本洛中洛外図屏風（以下、歴博乙本）〔図54〕の存在である。というのも、このふたつの絵画史料に描かれた七日山鉾（前祭）の道筋をたどっていくと、これまでみてきたように四条通から京

図53　洛中洛外図屛風模本(東博模本、東京国立博物館蔵)に描かれる山鉾巡行の部分。四条通を東から西へ巡行しているように描かれている。

Image:TNM Image Archives

図54　洛中洛外図屛風(歴博乙本、重要文化財、国立歴史民俗博物館蔵)に描かれる山鉾巡行の部分。京極大路を南から北へ、四条通を東から西へ巡行しているように描かれている。

極大路（現在の寺町通）、そして五条通とはなっていないことがわかるからである。

たとえば、東博模本をみてみると、「四条大鳥居」と神輿渡御が描かれているところの延長線上である四条通に三基の山鉾のすがたがみえるが、そのいずれもがあきらかに東から西へと巡行しているように描かれている。同様に、歴博乙本でも、二基の山鉾が京極大路（現在の寺町通）を南から北へと巡行するようすで描かれている。つまり、これらの道筋をたどっていくと歴博甲本・上杉本・サントリー本でみられた巡行路を逆流していることになるのである。

つぎの第三章でもみていくように、山鉾が通常の道筋以外を巡行することがなかったわけではけっしてないが、しかしながら、東博模本や歴博乙本のように逆流したことを示す史料は今のところ見いだせていない。しかも、民俗学で説明されているように、山鉾など風流が「災厄をもたらす神霊を囃して鎮め送る」ために出されていたものだとすれば、道筋を逆流してはその役目もはたせなかったのではないだろうか。

そういう意味では、美術史の立場から指摘されている、東博模本にみえる「山鉾巡行のコースが逆になっている」理由としては、「粉本《ふんぽん》」（手本となる下絵）を「取りいれるに当たっての誤り」や「注文者が地方人であったことを意味」するといった説明[25]がもっとも妥当なところと思われる。

ただそのいっぽうで、逆流することが百パーセントなかったのかといえば、少なくとも絵画史料に描かれている以上、断定することも慎重にしておいたほうがよいのかもしれない。今後あらたな文献史料や絵画史料が発見される可能性も否定できないし、そもそも祭は変化するものであり、常識では想像もつかないこともまたありえたかもしれないからである。

（1）山路興造『京都　芸能と民俗の文化史』（思文閣出版、二〇〇九年）。
（2）注（1）参照。
（3）植木行宣「山鉾の造形的展開―形成期の祇園会山鉾をめぐって―」（福原敏男・笹原亮二編『造り物の文化史―歴史・民俗・多様性―』勉誠出版、二〇一四年）。
（4）「御構」については、下坂守『中世寺院社会と民衆―衆徒と馬借・神人・河原者―』（思文閣出版、二〇一四年）参照。
（5）河内将芳『中世京都の都市と宗教』（思文閣出版、二〇〇六年）。
（6）注（5）参照。
（7）注（1）参照。
（8）源城政好『京都文化の伝播と地域社会』（思文閣出版、二〇〇六年）。
（9）河内将芳『祇園祭の中世―室町・戦国期を中心に―』（思文閣出版、二〇一二年）。
（10）注（9）参照。
（11）注（4）下坂氏前掲『中世寺院社会と民衆―衆徒と馬借・神人・河原者―』参照。
（12）注（5）参照。
（13）注（5）・（9）参照。
（14）河内将芳「冬の祇園祭」（『京都新聞　夕刊』二〇〇三年一月一〇日号）。
（15）植木行宣「図像にみる祇園祭山鉾とその変遷」（植木行宣・田井竜一編『祇園囃子の源流―風流拍子物・鞨鼓稚児舞・シャギリ―』岩田書院、二〇一〇年）。
（16）川嶋将生『祇園祭―祝祭の京都―』（吉川弘文館、二〇一〇年）。
（17）『祇園会細記』（藝能史研究会編『日本庶民文化史料集成　第二巻　田楽・猿楽』三一書房、一九七四年）。
（18）山鉾の名称については、美術史の立場からも、辻惟雄『日本の美術121　洛中洛外図』（至文堂、一九七六年）や『洛中洛外図大観』（小学館、一九八七年）、あるいは亀井若菜『表象としての美術、言説としての美術史―室町将軍足利義晴と土佐光茂の絵画―』（ブリュッケ、二〇〇三年）などにおいても検討されている。しかしながら、その比定作業の手順や過程については、かならずしも明示されてはいない。なお、若原史明『祇園会山鉾大鑑』（八坂神社、一九八二年）、および、松田元『祇園祭細見（山鉾篇）』（郷土行事の会、一九七七年）も参照した。
（19）岩永てるみ「洛中洛外図屛風歴博甲本第二扇における欠損部分の再現」（『国立歴史民俗博物館研究報告　第一八〇集［共同研究］洛中洛外図屛風歴博甲本の総合的研究』二〇一四年）。
（20）注（4）下坂氏前掲『中世寺院社会と民衆―衆徒と馬借・神人・河原者―』参照。
（21）注（18）亀井氏前掲『表象としての美術、言説としての美術史―室町将軍足利義晴と土佐光茂の絵画―』参照。
（22）注（9）参照。
（23）八反裕太郎「祇園祭礼図の系譜と特質」（前掲『祇園囃子の源流―風流拍子物・鞨鼓稚児舞・シャギリ―』）。
（24）注（15）参照。
（25）注（18）辻氏前掲『日本の美術121　洛中洛外図』参照。

第三章 祇園会の見物風景

1 史料のなかの見物風景

❖――室町殿の祇園会見物

祇園祭は現在でも毎年、数十万人におよぶ人びとが見物におとずれる祭として知られている。山鉾巡行の前日にあたる宵山《よいやま》ともなれば、せまい室町通や新町通は見物人で身動きもできないほどになる。また、神輿渡御や山鉾巡行を見物する人の数が数万をかぞえることもけっしてめずらしくはない。

それほどに祇園祭は人びとの注目をあつめる祭であることがわかるわけだが、人びとの注目をあつめるという点でいえば、それは室町時代や戦国時代でも同様であった。ただし、史料のなかに登場する見物風景は現在とは大きく異なる。

というのも、史料に書き残されている見物風景は、その多くが公家や武家といった、ある一定の階層以上の人びとのものにかぎられているからである。それは、史料を書き残した人びとの関心がそのような人びとの動きに集中していたこともさることながら、それ以上に、祇園会を見物することが単なる見物にとどまらなかったという時代特有の事情も関係していよう。

そこで、ここでは、史料のなかでもっとも多く登場する、室町時代、そして戦国時代の京都支配の一翼を担っていたことで知られる室町幕府の長、室町将軍や室町殿《むろまちどの》（足利将軍家の家督者）の見物風景を中心に史料のなかの見物風景についてみていくことにしよう(1)。
その室町将軍や室町殿のなかで、祇園会をはじめて見物したことがわかるのは初代将軍足利尊氏《あしかがたかうじ》である。そのことを伝えているのが、醍醐寺三宝院賢俊《だいごじさんぽういんけんしゅん》の日記『賢俊僧正日記《けんしゅんそうじょうにっき》』文和《ぶんな》四年（一三五五）六月十四日条にみえるつぎのような記事である。

将軍（足利尊氏）・羽林（足利義詮）所望《しょもう》のあいだ、祇園会棧敷《さじき》用意す、御台（平登子）同じく入御す、三条烏丸南頬《さんじょうからすまみなみつら》なり、

図55　十二代将軍足利義晴の棧敷（大日本古記録より）

これによれば、「将軍」足利尊氏は、その子「羽林《うりん》」（足利義詮《よしあきら》）と妻の「御台《みだい》」（平登子《たいらのとうこ》）とともに、賢俊が「用意」した棧敷に入って祇園会を見物したことがわかる。彼らが入った棧敷〔図55〕とは、祭礼などを見物するために地面より一段高くつくられた観覧席を意味するが、それが三条通と烏丸通が交差する「三条烏丸」の「南頬」（南側）に構えられたのは、六月十四日の神輿渡御が三条通を通ったためであろう。

残念ながら、右の記事だけでは、このとき尊氏らが見物したのが祇園会のうちの何だったのかということまではわからない。ただ、当時の状況から考えれば、神輿渡御のほか歩《あるき》田楽《でんがく》・馬長《めちょう》・定鉾《しずめほこ》や造物《つくりもの》山・鉾などを見物した可能性は高いであろう。

また、棧敷もみずからが構えるのではなく、「所望」（のぞみ）により第三者が構えるものであったことも知られるが、尊氏による祇園会見物を伝えているのは、今のところ右の史料だけであり、その見物のありかたについてもそれ以前の公家たちの見物とかわるところはとくにみられない。そういう意味では、室町将軍独自の個性というものは感じられない

わけだが、ところが、それもつぎの二代将軍足利義詮のころになると、少しずつ変化をみせていくようになる。

❖――触穢と見物

今日、大樹(足利義詮)見物せらるとうんぬん、土岐宮内少輔(直氏)侍所桟敷を構うとうんぬん、妾物の産所《さんじょ》に細々《さいさい》渡らるとうんぬん、触穢《しょくえ》の人なり、見物しかるべからざるか、

これは、下級官人であった中原師守《なかはらのもろもり》の日記『師守記《もろもりき》』貞治《じょうじ》三年(一三六四)六月七日条にみえる記事である。ここでもまた、義詮が祇園会の何を見物したのかまでは書かれていないが、「侍所《さむらいどころ》」頭人《とうにん》という幕府の重職にあった「土岐宮内少輔《ときくないしょうゆう》」が桟敷を構えたことが知られる。こののち、室町将軍の桟敷は土岐直氏《ときなおうじ》のような守護クラスの侍が構えるようになっていくが、右の史料はそのことがわかる最古の史料となろう。

もっとも、ここで注目すべきは、そのことよりむしろ、このとき義詮が「触穢の人」であったにもかかわらず祇園会を見物し、それを耳にした師守が「しかるべからざるか」(ふさわしいことではない)との見方を示している点である。

ここでいう触穢とは、穢《けが》れに触れたり、接近することを意味しているが、神事や祭事、あるいは神社などではもっとも忌みきらわれることとして知られていた。その「触穢」に義詮があたるとされた

のは、「妾物」（妻、通清法印《つうせいほういん》の息女、足利義満《よしみつ》の生母）の「産所」（出産をする所）に義詮が「細々」（再々、くり返し）おとずれたためであり、ここでいう触穢が、いわゆる産穢《さんえ》とよばれる、出産のときその子の父母の身にかかる穢れだったことがあきらかとなろう。

ここからは、師守も属する公家社会では、触穢にかかわるものが祇園会を見物してはならないという禁忌のあったことが知られる。それについては、これより三年後の貞治六年（一三六七）六月十四日条に「予《よ》、姙者《にんじゃ》の夫たるのあいだ、恐れあるにより、遙拝《ようはい》におよばず」という記事をみずからの日記（『師守記』）に記し、師守自身が「姙者」（妊婦）の夫であったため、穢れを「恐れ」て神輿渡御を「遙拝」しなかったということからもあきらかとなろう。

もっとも、義詮がそのような禁忌をわざと破ったのかということまではさだかではない。たとえば、師守が神輿渡御を「遙拝」しなかったのと同じ年（貞治六年）の祇園会を義詮も見物しなかったが、それは、弟の「関東兵衛督《かんとうひょうえのかみ》」（足利基氏《もとうじ》）が亡くなってまもない時期だったためと『師守記』六月七日条には記されている。ここからは、室町将軍も死穢《しえ》（死の穢れ）については敏感であったことが読みとれよう。

ただ、それも時代がさがるにつれて変化していったと考えられる。というのも、史料をひもといていくとつぎのような事実に出くわすこととなるからである。

室町殿（足利義教）、御桟敷京極許に渡御す、室町□（殿）触穢一色のこと□、御見物例のごとし、

右は、中原師郷《なかはらのもろさと》の日記『師郷記《もろさとき》』永享《えいきょう》十二年（一四四〇）六月七日条にみえる記事である。ときの

室町将軍、室町殿であったのは、義詮からみれば孫にあたる六代将軍足利義教《よしのり》（義宣《よしのぶ》）である。その義教が、「一色《いっしき》のこと」により「触穢」であったにもかかわらず、祇園会を「御見物」したことがわかる。

ここでいう「一色のこと」とは、およそ半月前の五月十四日に「一色修理大夫義貫《しゅりのだいぶよしつら》」が「大和《やまと》の陣」にて義教の命令により「生涯《しょうがい》」（殺害）されたことを指し、また、それに端を発して同月十六日に洛中でおこった一色一族の「被官人《ひかんにん》」（家臣）たちによる「討ち死」「切腹」といった血で血を洗う騒動（『斎《さい》藤基恒日記《とうもとつねにっき》』同年五月十六日条）も意味していた。

公家社会からみれば、義教は血の穢れや死の穢れにまみれており、そのこともあって、宮中の重要な神事である「月次《つきなみ》・神今食《じんこんじき》」も「延引《えんいん》」すると後花園《ごはなぞの》天皇から「御通達」（『師郷記』六月十一日条）されたほどであった。にもかかわらず、義教は、その「触穢」を意に介さず、「例のごと」く祇園会の見物にのぞんでいたことがあきらかとなる。

このように、室町将軍や室町殿による祇園会見物は、それまで公家社会でおこなわれていたものとはしだいに違いをみせていくようになっていったわけだが、そのような違いを生じていくうえで大きな画期となったのが、義詮の子で義教の父にあたる三代将軍足利義満による祇園会の見物であったと考えられる。

❖——足利義満の見物

その義満が祇園会を見物したことがわかるのは、現在のところ、応安《おうあん》七年（一三七四）が最初である。そのとき義満は、六月七日と六月十四日の両日にわたって祇園会を見物したことがわかるが（『後愚昧記』六月七日・十四日条）、その見物の特徴は、何といっても山鉾巡行だけを見物したということにつきるだろう。その背景には、第二章でもふれたように、この時期、おおよそ十年あまりにわたって神輿渡御がおこなわれなかったという特殊な事情がある。

もっとも、ときの将軍がわざわざ山鉾巡行だけを見物するということが、山鉾巡行に対する人びとの目をいやがおうでもあつめていったであろうことは想像にかたくない。実際、それを裏づけるように、公家の三条公忠の日記『後愚昧記』永和《えいわ》四年（一三七八）六月七日条には、つぎのような興味深い記事を見いだすことができる。

今日祇園御輿迎えなり、（中略）この間年々御輿迎えなし、今年もまた同前なり、しかれども鉾においては、結構す、大樹（足利義満）、桟敷四条東洞院を構え見物す、くだんの桟敷、賀州守護《がしゅうしゅご》富樫（昌家）介経営す、大樹の命によるなりとうんぬん、大和猿楽児童観世の猿楽法師の子と称するなり、大樹の桟敷に召し加えられ見物す、くだんの児童、去るころより大樹寵愛す、席を同じくし器を伝う、

この年もまた、「御輿迎え」（神幸）がおこなわれないなか「鉾」だけが巡行した。それを、ときに「二十二」（『公卿補任《くぎょうぶにん》』）歳であった若き将軍義満が、「賀州」（加賀国）の守護富樫昌家《とがしまさいえ》に命じて構えさせた「四条東洞院《しじょうひがしのとういん》」の桟敷で見物したことがわかる。

注目されるのは、そのとき義満のかたわらには、「観世の猿楽法師の子」で「大和猿楽児童」といわれた、のちの世阿弥《ぜあみ》が「席を同じく」し、ひとつの「器」（酒器であろう）をふたりでつかいあうという「寵愛」ぶりが人目もはばからずみられた点であろう。

ここからは、義満の見物が、祇園会を見物すること以上に、将軍であるみずからが見物にのぞんでいることを知らしめようとする政治的な意味合いをもつものであったことがあきらかとなるからである。

その義満の見物に大きな変化がおとずれるのは、将軍職を子の義持《よしもち》へゆずり、みずからの居所を室町殿（花の御所）から北山殿《きたやまどの》（のちに鹿苑寺《ろくおんじ》、金閣寺とよばれるところ）に移した応永《おうえい》四年（一三九七）以降のことである。

公家の東坊城《ひがしぼうじょう》秀長《ひでなが》の日記『迎陽記《ごうようき》』応永六年（一三九九）六月七日条によれば、「御見物のため、室（足利義満）町殿京極《きょうごく》大膳大夫《だいぜんだいぶ》入道（高光）宿所に渡御す」とみえ、義満が、祇園会見物のために北山殿からわざわざ「四条京極」（『師郷記』正長元年六月七日条ほか）にあった守護（出雲国・隠岐国・飛騨国など）の京極高光《きょうごくたかみつ》の宿所（屋敷）へ「渡御」するようになったことがわかるからである。

現職の将軍義持ではなく、すでに将軍をやめている義満を「室町殿」とよんでいることからも、室町殿が現職の将軍よりも地位の高い人物を指すことばであったことが知られる。また、そのような地位の高い貴人が訪れることを「御成《おなり》」や「御出《おいで》」ともよんだが、これ以降、義満は、祇園会の見物のさいにはかならず京極氏の宿所へと御成し、そこに構えられた桟敷で祇園会を見物するようになる。そして、それがいかに徹底したものだったのかという点については、この七日後の『迎陽記』六月十四日条をみてもあきらかとなろう。

室町殿（足利義満）、京極入道（高光）の桟敷に御出、三条風流たるといえども、四条大路より参るべきのよし触れられおわんぬ、山鉾以下結構す、先日の風流を超過し、美をつくす、六月十四日には山鉾は三条通を巡行する。しかしながら、「京極入道の桟敷」は四条京極にあるので、そのままでは山鉾巡行を見物することはむずかしい。そこで、義満は「三条風流」をむりやり「四条大路」(四条通)を巡行するよう「触れ」、それにしたがって山鉾も「先日」(六月七日)より「美をつく」して巡行したという。

このように、義満は四条京極にあった京極氏の宿所へと御成し、そこに構えられた桟敷で山鉾巡行を見物するとともに、ときには山鉾の巡行路まで変更させて見物するといった強引なやりかたを定着させていったことがわかる。

義満が見物にのぞんだ祭というのは、もちろん祇園会にかぎられるものではない。(2) しかしながら、毎年のように、しかも京極氏の宿所だけに御成するといった特徴あるスタイルで見物にのぞんだ祭は祇園会をおいてほかに確認することはできないであろう。そのため、この後の歴代の室町将軍、室町殿たちは、この義満の見物のありかたをいやおうなく意識しながらみずからのスタイルを模索していくことになる。

❖――足利義持の見物

たとえば、義満の子で、義満が生きているあいだは一度として祇園会を見物しなかった四代将軍足利義持の場合、義満が応永十五年(一四〇八)五月になくなると、つぎのような特徴ある見物をおこなったことがあきらかとなるからである。

公方様（足利義持）、管領（細川満元）亭に渡御す、祇園会御見物のため、近年の儀なり、

これは、義持による祇園会見物の初見と考えられる、醍醐寺三宝院門跡満済《まんさい》の日記『満済准后日記《まんさいじゅごうにっき》』応永二十一年（一四一四）六月十四日条に記された記事である。そして、それによれば、義持は、父義満のように京極氏の宿所ではなく、「管領《かんれい》」であった細川氏の宿所へ「渡御」し、そこで「祇園会御見物」をしたことがわかる。

これだけをみていると、義持は将軍を補佐する重職であった管領の「亭」（宿所、屋敷）へ御成するようになったかのようにみえる。しかしながら、この後も一貫して祇園会の見物にさいしては、細川氏の宿所へのみ御成していることから考えても、細川氏の宿所への御成が目的であったことはあきらかといえよう。

当時、細川氏の宿所は、「三条富小路《とみのこうじ》」（『建内記《けんないき》』正長元年六月十四日条ほか）にあったので、そこへ御成する義持が見物できる山鉾巡行もおのずと六月十四日のものとなる。そして、義持が一度として六月七日の山鉾巡行を見物しようとしなかったことをふまえれば、その見物が父義満のありかたを強く意識したものであったことは明白といえよう。

ところで、義持の時代には、祇園会の見物にかかわってもうひとつ大きな変化がみられた。そのことを具体的に伝えているのが、つぎの『満済准后日記』応永三十一年（一四二四）六月十四日条にみえる記事である。

祇園会風流物山桙笠など、ことごとく内裏（称光天皇）・仙洞（後小松上皇）両御所へ押し、上覧にそなう、近年御所望によ

りて沙汰なり、地下人《じげにん》ら周章《しゅうしょう》このことか、今日は結句夕立の最中なり、しかりといえども、止《や》まざるの条、ことごとく夕立に濡れ、散々のこと、不便不便《ふびんふびん》、なかなか申すばかりなしとうんぬん、仙洞様は築山《つきやま》に御登りあって、召次《めしつぎ》幸正に御笠を差させられて叡覧《えいらん》、いっこう京童《きょうわらべ》申すは、築垣に御登りありて御見物のよし風聞、珍事珍事、

これによれば、「祇園会風流物山桙笠など」が、ときの称光《しょうこう》天皇の御所である「内裡《だいり》」（内裏）とその父後小松《ごこまつ》上皇の御所である「仙洞《せんとう》」へことごとく参上し、「上覧」に供されたことがわかる。内裏も仙洞もともに、このころは二条通より北側にあたる上辺《かみわたり》（上京）に所在したので、山鉾は通常の巡行をおこなったのち、わざわざ下辺《しもわたり》（下京）から上辺（上京）へと北上したことがあきらかとなる。山鉾を担う「地下人」（住民）らの「周章」（あわてふためくこと）はいうまでもなく、そのうえ、「夕立に濡れ、散々」であったと伝えられているから、たいへんな苦労をともなうものであったことが知られよう。

注目されるのは、その山鉾を「仙洞様」（後小松上皇）が、御所内の「築山」に登って「召次」に「笠」を差させながら「叡覧」したと伝えられている点である。ここからは、山鉾の北上とその見物を「御所望」（のぞみ）したのが後小松上皇であったことがうかがえよう。

その上皇の見物のようすがあまりにもものめずらしかったためであろう、洛中に住まう「京童」たちのあいだでは、上皇は「築山」ではなく、「築垣」（築地塀）に登って見物したというあらぬうわさまでが広がっていたことが知られる。

このように、山鉾が天皇や上皇の見物に供せられるようになったのは、義持の時代、応永二十七

年（一四二〇）が最初と考えられる（『看聞日記《かんもんにっき》』同年六月十四日条）。また、その二年後の応永二十九年（一四二二）六月十四日には、「室町殿（足利義持）、細川京兆（満元）屋形において御見物ありとうんぬん、風流の山笠ども少々仰せにより内裏（称光天皇）まで推す」（『康富記』同日条）とみえるから、山鉾は、義持が「細川京兆《けいちょう》屋形」で見物したあと、その「仰せ」により「内裏」や仙洞へと参上するようになっていたことがあきらかとなろう。

こうなると、山鉾巡行は下辺（下京）の祭であるとはいえなくなる。上辺（上京）へも巡行し、それを室町将軍、室町殿だけでなく天皇や上皇も見物すると同時に、その沿道では、数多くの「京童」など地下人らもまた見物することになったからである。そういう意味では、この時期の祇園会山鉾巡行は、京中（洛中）全体で見物する特異な祭礼として位置づけられていたといえよう。

❖――足利義教の見物

それでは、義持後の室町将軍、室町殿は祇園会をどのように見物したのだろうか。義持の子で五代将軍となった足利義量《よしかず》は義持が在世中に亡くなったため、祇園会を単独で見物したという形跡がみられない。

したがって、義持後としては、義持の弟で六代将軍となった足利義教《よしのり》の場合が問題となろう。その義教がはじめて祇園会を見物したのは正長《しょうちょう》元年（一四二八）のことであるが、それから永享三年（一四三一）まで、六月七日には京極氏の宿所へ、また十四日には細川氏の宿所へ御成して見物したことが『満済准后日記』などから読みとれる。

正長元年段階では、義教はまだ将軍にも任官されていない。にもかかわらず、諸記録にすでに「室町殿」とよばれていることからもわかるように、文字どおり室町殿として見物にのぞんでいたことはあきらかといえよう。そして、そのありかたというのは、父義満・兄義持がおこなっていた御成・見物を合わせたようなものとなっていた。

それが、永享三年十二月に「室町殿」（花の御所）へみずからの居所を移して以降、大きく変化をとげることになる。というのも、こののち、嘉吉《かきつ》元年（一四四一）に亡くなるまで義教は一貫して十四日の御成・見物をおこなわず、七日の京極氏の宿所への御成・見物だけをおこなうようになるからである。

たとえば、公家の万里小路《までのこうじ》時房《ときふさ》の日記『建内記』の嘉吉元年六月条をみてみると、つぎのように記されていることがわかる。

> 祇園御輿迎えなり、室町殿（足利義教）、京極御桟敷において御見物なり、
>
> 祇園会なり、鉾・笠結構とうんぬん、室町殿（足利義教）御見物なし、

前者が六月七日、後者が十四日の記事となるが、ここからは、兄義持の時代とはうってかわって、義教が父義満のときのように、六月七日の山鉾巡行のみを見物するため京極氏の宿所へ御成していたことがあきらかとなろう。

❖——足利義政の見物

その義教は、右の祇園会を見物してからわずか半月後に播磨《はりま》守護赤松満祐《あかまつみつすけ》の子教康《のりやす》らにおそわれ、その命を落としてしまうことになる。いわゆる嘉吉《かきつ》の乱《らん》である。義教死後、七代将軍となったその子義勝《かつ》もまた二年後には幼くして亡くなり、その結果として、八代将軍の座は義勝の弟義政《よしまさ》（義成《よししげ》）へと譲《よし》られていくことになった。

もっとも、義政もまだ幼かったため、実際に将軍に任官されるのは、それから数年たった文安《ぶんあん》六年（宝徳《ほうとく》元年、一四四九）のことになる。ところが、この文安六年というのは、第二章でもふれたように、祇園会が六月七日と十四日の式日どおりにおこなえなくなる最初の年にあたっていた。つまり、義政が室町将軍、室町殿としてあった時期というのは、これまでのようにかならず六月七日と十四日に祇園会がおこなわれるとはかぎらない不安定な状況下にあったのである。

ただ、それでも義政は、父義教や叔父義持、そして祖父義満らと同じように祇園会を見物することに強い意欲をもっていたようである。そして、年齢を重ね、幕府内での地位も安定をみせた長禄《ちょうろく》元年（康正《こうしょう》三年、一四五七）以降、つぎのような見物のしかたをみせはじめたことがあきらかとなる。

室町殿《(足利義政)》は京極館《(持清)》において御見物、先々のごとし、ただし当御代今度始まるものなり、

これは、興福寺大乗院門跡尋尊《こうふくじだいじょういんもんぜきじんそん》の日記『大乗院寺社雑事記《だいじょういんじしゃぞうじき》』六月八日条に、昨日のこととして伝えられた記事である。そして、それによれば、義政は、六月七日に「京極館」において祇園会を「御

見物」したことがわかる。注目されるのは、この年を皮切りに義政が、文正《ぶんしょう》元年（一四六六）にいたるまで一貫して京極氏の宿所に御成して祇園会を見物したという事実であろう。

ここから義政が、父義教、祖父義満を意識して祇園会の見物にのぞんでいたことがあきらかとなるからだが、しかしながら、式日どおりに祇園会をおこなうことがむずかしくなっていたこのころには、すでにむかえるほうの意識も大きく変化していた。たとえば、それは、相国寺鹿苑院蔭凉軒主《しょうこくじろくおんいんいんりょうけんしゅ》の日記『蔭凉軒日録《いんりょうけんにちろく》』文正元年六月七日条につぎのように記されていることからもあきらかとなる。

> 京極《（持清）》貧乏により、今日の御成、さしおくといえども、所司代《しょしだい》多賀豊後守《（高忠）》・同弟次郎左衛門、兄弟として、これを営む、

将軍を自邸に招く御成ともなれば、名誉であるいっぽう、接待費をはじめとした費用も莫大なものにのぼったことであろう。そのようなこともあったためだろうか、このとき京極持清《もちきよ》は「貧乏」を理由になんとか御成を回避しようとしていたことがわかる。ところが、義政の意向も強かったのだろう、結局、持清の被官《ひかん》（家臣）で侍所「所司代」の職にあった多賀高忠《たがたかただ》「兄弟」がその準備をととのえたという。

かつて永享十一年（一四三九）六月七日に義政の父義教が「近年渡御中絶」ののち、ひさかたぶりに京極氏の宿所へ御成・見物したさいには「家主悦喜《えつき》」（『建内記』同年六月七日条）したことを思いかえしたとき、祇園会の御成や見物に対する意識の変化というのは歴然といえる。

もっとも、それも無理のない話で、長禄元年（一四五七）以後においてすら寛正《かんしょう》三年（一四六二）・四

年と二年連続、祇園会は十二月に追行《ついこう》（つづいてあとからおこなこと）されるなど、混乱はいかんともしがたい状況にあった。そのこともあって、『蔭凉軒日録』長禄三年（一四五九）六月七日条に「渡物七日と十四日を兼ねて、あいならぶなり」とみえるように、七日に十四日の山鉾も合わせて巡行するという、いわばかけ込みのような事態もおこっていた。

山鉾巡行ですら、確実に二度おこなえるかどうか不透明な状態におちいっていたのであるから、御成に対応して準備を計画することなどもはや不可能になっていたのであろう。

そのような混乱状況がつづくなか、応仁元年（一四六七）には応仁・文明の乱が勃発、それにともなって祇園会も「沙汰におよばず」（『後法興院記《ごほうこういんき》』同年六月七日条）という状態となり、それ以降、三十三年にもわたって中断を余儀なくされることとなった。

❖――細川政元の見物

それでは三十三年の空白を経て明応九年（一五〇〇）に再興された戦国時代の祇園会を室町将軍、室町殿はどのように見物したのであろうか。義政までのようすをふりかえってみると、先代や先々代の見物のありかたを意識していたことがうかがえるが、ところが、戦国時代では、室町将軍、室町殿の見物そのものが史料のうえでもなかなかみられない状態になってしまう。

実際、確認できる範囲でも、十代将軍足利義稙《よしたね》（義材《よしき》、義尹《よしただ》）・十二代将軍足利義晴《よしはる》・十三代将軍足利義輝《よしてる》（義藤《よしふじ》）らの見物ぐらいで、その回数も合わせて片手であまるほどと考えられるからである。そのようになってしまった背景には、再興後もなおつづいた式日の混乱という状況もさることながら、幕府のなかで祇園会を見物する主体に変化がみられたことも関係していたようである。

たとえば、そのことは、明応二年（一四九三）に将軍足利義材（のちの義稙）をその座から追い、足利義澄《よしずみ》（義遐《よしとお》、義高《よしたか》）を十一代将軍に擁立したことでも知られる細川政元《ほそかわまさもと》の場合をみてみるとわかる。

> 武家《（足利義澄）》見物あるべきのよし風聞のところ、下行物《げぎょうぶつ》過分のあいだ、事《こと》ゆかずとうんぬん、よって密々女中の桟敷へまかり出《い》でらるとうんぬん、あるいは京兆《（細川政元）》の桟敷へとうんぬん、

これは、公家の近衛政家《このえまさいえ》の日記『後法興院記』明応九年六月七日条にみえる記事である。つまり、再興されたときのできごとなのだが、ここからは、「武家」（室町将軍）義澄によって祇園会の見物がおこなわれるとの「風聞」（うわさ）がながれたものの、「下行物」（費用の支払い）が「過分」という理由で実施されず、そのため義澄は、「密々」（こっそりと）「女中の桟敷」へ入ったとも、「京兆《けいちょう》」（細川政元）の桟敷へ入ったともうわさされたことがわかる。

義満以来のありかたを思いかえしてもわかるように、ときの室町将軍、室町殿が「密々」に桟敷に入って祇園会を見物することなど想像もできなかったであろう。そのため、『大乗院寺社雑事記』六月八日条には、「公方《（足利義澄）》御見物なし」と記されているが、それと同じ記事のなかで、「四条面には細川の桟敷五間《けん》」と記されている。ここからは、義澄より政元の桟敷やその見物のほうにこのとき注目があつまっていたことが知られよう。

そういえば、第一章でみた乗牛《のりうしの》風流《ふりゅう》のところでも、「細川右《う》京《きょう》大夫《だいぶ》」（細川政元）が桟敷に入った後、「ウシノヽリ」（乗牛風流）につづいて山が九基巡行したと『言国卿記《ときくにきょうき》』文亀《ぶんき》元年（一五〇一）六月十四

日条は伝えていた。このように、再興後しばらくは、実力者政元の見物のほうに人びとの注目があつまっていたことはあきらかといえよう。

❖――足利義晴・義輝の見物

その政元が永正《えいしょう》四年（一五〇七）にみずからの家督争いにまきこまれ暗殺されて以降、幕府関係者のなかで祇園会を見物したことがわかるのは、十二代将軍足利義晴〔図56〕の時代までくだることになる。たとえば、それはつぎのような史料から読みとることができる。

> 去る七日・十四日両日の祇園会風流、大樹（足利義晴）御歓楽《ごかんらく》により御見物なし、よって今日重ねて三条高倉御所へ押さる、

これは、興福寺大乗院門跡経尋《きょうじん》の日記『経尋記《きょうじんき》』大永《だいえい》二年（一五二二）六月二十七日条にみえる記事である。そして、それによれば、「大樹《たいじゅ》」（室町将軍）足利義晴は、「御歓楽」（病気）により六月七日と十四日の「風流」（山鉾）を「御見物」できなかったため、「今日」六月二十七日に「七日・十四日両日」の山鉾を「重ねて」（もう一度）巡行させ、それらを「三条高倉御所」で見物したことがわかる。

「三条高倉御所」（「三条御所」）の「未申角《ひつじさる》」（西南の角）には、「京極」氏が「申し沙汰」（とりはからうこと）した「八个間《かけん》」におよぶ「御桟敷」〔125頁・図55〕が構えられ、そして、その「御桟敷」には、「右《う》京兆《けいちょう》」（細川高国《たかくに》）をはじめとした幕府関係者も入ったことが、『経尋記』や公家の鷲尾隆康《わしのおたかやす》の日記『二《に》

水記《すいき》』同日条などから読みとれる。

一見すると、京極氏が桟敷を用意するなど、室町時代の祇園会見物が再現されたかのようにみえなくもない。しかしながら、桟敷の構えられた「三条高倉御所」が、これより少しまえに細川高国によってその座を追われた将軍義稙の御所であり、そして、その義稙にかえて高国により擁立されたのが、このときわずか「十二」（『公卿補任』）歳の幼将軍義晴（義澄の子）であったことを考え合わせるならば、これもまた、義晴の見物というよりむしろ実力者高国による見物であったとみたほうが自然であろう。

もちろん、このときは義晴も祇園会を見物しているので、政元のときとは大きく異なる。ただ、数えるほどしか確認できない戦国時代の室町将軍、室町殿による祇園会の見物のいずれにおいても、それを擁立する実力者の影が色濃くみえるというのはひとつの特徴といえるのではないだろうか。

図56　足利義晴像（土佐派絵画資料より、京都市立芸術大学芸術資料館蔵）

そして、それは、義晴の子で十三代将軍となった足利義輝〔図57〕による見物の場合でも同様であったと考えられる。その義輝が祇園会を見物したのは天文《てんぶん》十七年（一五四八）のことだが、そのときのことを『長享年後畿内兵乱記《ちょうきょうねんごきないへいらんき》』という記録はつぎのように伝えている。

同十四日、祇園会、相公（足利義輝）・少弼（六角定頼）・細川殿（晴元）御見物、四条道場において、これによれば、「相公《しょうこう》」＝義輝は、六月十四日に「四条道場において」、「少弼《しょうひつ》」＝近江《おうみ》守護六角定頼《ろっかくさだより》と「細川殿」＝細川晴元《はるもと》とともに祇園会を見物したことがわかる。義輝は、このころ父の義晴とともに近江国坂本にその居をおいていたが、それが、これよりわずか七日まえの六月七日に急遽、父とともに「坂本より御上洛」し、「今出川《いまでがわ》御所」に入った（『言継卿記《ときつぐきょうき》』同日条）。このことからもわかるように、今回の上洛が祇園会の見物を目的にしていたことはあきらかといえよう。

ちなみに、義晴・義輝父子が京中（洛中）ではなく、六角定頼の庇護のもと、坂本に避難を余儀なくされていたのは、細川晴元との対立関係が原因である。その晴元が義輝や定頼とともに祇園会を見物していることからは、その対立が一時的にも解消されていたことが知られよう。

このように、このときの義輝の祇園会見物には、この間の和平をことほぐ意味もこめられていたように思われるが、それを実現にみちびいたのが、ときに「十三」（『公卿補任』）歳であった幼将軍義輝と考えるのはむずかしいであろう。

むしろ、義輝の「御元服」の「御加冠《かかん》」（『厳助往年記《げんじょおうねんき》』天文十五年十二月十九日条）役をつとめた六角定頼か、あるいは、「大御所様」（『厳助往年記』天文十六年七月二十九日条）として義輝のうしろだてとなっていた義晴のどちらか（もしくは両人）と考えるのが自然ではないだろうか。

そう考えるにあたって注目されるのは、このとき義輝が見物にのぞんだのが六月十四日であったにもかかわらず、御成したところが「四条道場」であったという点であろう。「四条道場」＝金蓮寺《こんれんじ》といえば、その名のとおり四条京極に所在しており、三条通を巡行する十四日山々（後祭）を見物することはそのままではむずかしい（88頁〔図35〕参照）。もちろん三条通から京極大路（現在の寺町通）を南下する山々を見物することも不可能ではなかったであろうが、史料でわかる範囲では、南下していく山鉾を室町将軍や室町殿が見物したという形跡は確認できないからである。

とすれば、「四条道場」で祇園会を見物するのには、どうすればよいのだろうか。方法としては、かつての義満のときのように、「三条風流」をむりやり四条通へ巡行させるか、あるいはまた、義晴のときのように、七日山鉾（前祭）と十四日山々（後祭）を同じ日に巡行させるかのどちらかしかなかったように思われる。

残念ながら、実際がどのようだったのかという点については、それを示す史料が残されておらず、あきらかにはできない。可能性としては、義晴のときを先例にしたのではないかと考えられるが、いずれにしても、室町将軍、室町殿をふくめた幕府関係者による祇園会の見物がこのときを最後に史料からそのすがたを消し、南北朝時代以来つづいてきた室町将軍、室町殿による祇園会見物に終止符がうたれたことはまちがいないといえよう。

図57　足利義輝像（土佐派絵画資料より、京都市立芸術大学芸術資料館蔵）

❖――「密々」と「屋上」

それでは、室町将軍や室町殿ら以外の人びとの見物風景とはどのようなものだったのだろうか。断片的ながらも史料でわかる範囲で、それについてもみていくことにしよう。そこでまず、公家衆の見物であるが、これについては室町将軍や室町殿と同じように桟敷を構えて見物していたことが史料からみてとれる。

もっとも、それは室町将軍、室町殿のほうが公家衆の見物をその出発点にしていたことからすれば、当然といえば当然なのだが、ただし、まったくの同じというわけではなく、たとえば、つぎのような特徴もみられたことが史料からは読みとれる。

この日祇園会なり、飛鳥井《あすかい》宰相(雅俊)桟敷を構え、見物すべきのよし命ずるのあいだ、まかり向かいおわんぬ、堅固《けんご》密々の儀なり、

これは、公家の近衛政家の日記『後法興院記』明応九年(一五〇〇)六月七日条にみえる記事である。つまり三十三年ぶりに再興された戦国時代の祇園会を見物したときのこととなるわけだが、それによれば、政家は飛鳥井雅俊《あすかいまさとし》に招かれて、その桟敷で見物したという。

『公卿補任』という上級公家の職員録によれば、このとき政家は「前関白《さきの》」、いっぽう雅俊は「参議《さんぎ》」であり、また、家格としても近衛家が摂家《せっけ》であったのに対して飛鳥井家は羽林家《うりんけ》であったことが知られる。つまり、上下関係でいえば、政家のほうが雅俊より上位であった。

ここから公家社会では、下位のものが桟敷を構え、そこに上位のものが招かれて祇園会を見物するというかたちのあったことが知られる。おそらくは、室町将軍、室町殿が配下の守護などに構えさせた桟敷に出向いて祇園会を見物するといったかたちもこれに準拠したものだったのだろう。

ここで注目されるのは、こうしたかたちの見物のことを政家が「堅固密々の儀」と記している点である。室町将軍、室町殿の場合、みずからが見物にのぞんでいることを知らしめるのに重きがおかれていたのに対して、政家の場合は、「堅固」(まったく)ということばがつかわれていることからもわかるように、むしろ「密々」に見物することのほうに重きがおかれていたと考えられるからである。同

じ「密々」ということばがつかわれていても、その意味するところはまったく正反対であったことが知られよう。

ところで、飛鳥井雅俊と同じく羽林家に属していた山科言国の日記『言国卿記』文亀元年（一五〇一）六月条には、言国が「禁裏御衆《きんり》」とよばれた天皇側近の女房衆を招くにあたって、桟敷をどのようにしてつくったのかということが記されている。たとえば、その六月十三日条にはつぎのようにみえる。

明日祇園の会桟敷のこと、条々《じょうじょう》申しつけおわんぬ、しかるあいだ、野村人夫《にんぷ》両人を召し上げ、桟敷のところへつかわしおわんぬ、この方の建《た》て板戸《いたど》・畳以下もちつかわしおわんぬ、

これによれば、言国は、みずからの所領があった山科の「野村」から「人夫」（人足）を「両人」（二人）召し出して、自邸の「建て板戸・畳以下」を「桟敷のところ」へ運ばせたことがわかる。ここにみえる「建て板戸」とは、おそらく桟敷の屋根としてつかい、また、畳は桟敷のなかの座敷として敷かれたのであろう。ここからは、言国が構えた桟敷がそれほど頑強なものではなかったことがうかがえる。

『言国卿記』翌六月十四日条によれば、この桟敷は、「三条」の「通玄寺殿南頬《つうげんじどのみなみつら》」に構えられたことがわかるが、同じ日の祇園会を近衛政家は、「六角堂の築地の上にある桟敷」（『後法興院記』同日条）において見物したという（44頁〔図18〕参照）。また、公家の東坊城和長も、「三条烏丸あたりに桟敷を構え、屋上において見物」したことが、その日記『和長記』同日条から読みとれる。

このような「屋上」に構えられた桟敷については、これだけにかぎられるものではなく、「四条烏丸

の通り、在家の屋上に桟敷を構う」（『二水記』永正十五年六月七日条）とか、「屋上において見物せしむ」（『後法成寺関白記』享禄二年八月七日条）といったかたちでしばしば史料のうえでもみられるようになる。

それればかりか、「四条の町屋二階より」（『経尋記』大永二年六月二十七日条）見物したといったことなども加えるならば、公家衆は、「屋上」に構えられた桟敷や「二階」など、「屋上」（ポルトガル語による日本語辞書である『日葡辞書《にっぽじしょ》』によれば「家の上のほう、または、家の上」）から祇園会を見物することが多くなったといえよう。

現在のところ、室町時代において、「屋上」に桟敷が構えられた事例としては、『師郷記』文安三年（一四四六）六月七日条にみえる「四条烏丸南頬山臥《やまぶし》（山伏）宿所」の「二階上」というものをのぞいて見いだすことはできない。このことから考えれば、「屋上」からの祇園会見物というのは、戦国時代以降に広まっていった可能性は高いであろう。

❖――衆庶の見物

それでは最後に、地下人《じげにん》や町人ら衆庶《しゅうしょ》（一般庶民）による見物風景についてもみていくことにしよう。もっとも、室町時代に関しては、そのことを伝える史料はほとんど残されておらず、また、戦国時代でも手がかりとなる史料が多いとはけっしていいがたい。そのようななか、つぎの記事などはそのようすを伝える貴重なものといえよう。

下京にて祇園会見物のものども度々ことを仕出《しだ》し、人ども討たれ、手負《てお》いどもこれあり、これは、『言国卿記』文亀二年（一五〇二）六月七日条にみえる記事である。ここにみえる「見物のものども」とは、これまでみてきた桟敷のなかから祇園会を見物する人びととはまた別のものたちとみるのが自然であり、したがって、室町時代には、そのすがたがほとんど記録されてこなかった衆庶による見物人を意味すると考えられよう。

「人ども」が「討たれ」たり、「手負い」（負傷者）も出るなど、そのようすは戦国の気風さながらのきわめて粗野なものである。それはまた、『言国卿記』同年六月十四日条にみえる「もってのほか悪党どもこれあり、人ども討ち殺し」「一乱のよう」といった記事からもみてとることができよう。

このような衆庶による見物のようすは、断片的ながらも、ほかの公家衆の日記からもうかがうことができる。たとえば、「万人市をなす」（『後《ご》慈《じ》眼《げん》院《いん》殿《どの》御《ぎょ》記《き》』明応九年六月七日条）とか、「人びとまた今日群れをなすか」（『実隆《さねたか》公《こう》記《き》』文亀元年六月十四日条）、「人びと見物群集」（同記永正六年六月七日条）といったようにである。

これらに、宣教師ルイス・フロイスの著作『日本史』が伝える「当日になると、朝方、無数の群衆が、この祭を見物するために都に殺到してくる」といった記事も加えるならば、室町将軍、室町殿による見物が片手にあまるほどしかなかった戦国時代の祇園会見物においては、その存在は量として公家衆とならびたつほどに重きをなすようになっていたといえよう。

2 描かれた見物風景

❖――歴博甲本・上杉本に描かれた見物風景

前節では、ややくわしく史料のなかの見物風景についてみてきたが、それでは、歴博甲本や上杉本には、それら見物風景はどのように描かれているのだろうか。

そこでまず最初に、史料のなかで、もっとも注目をあつめていた室町将軍、室町殿の見物風景はどのように描かれているのかと思いながら、歴博甲本や上杉本に目をこらしてみることにしよう。すると、そのような場面がどこにも見いだせないことに気づく。先にもふれたように、室町時代とくらべて数は少ないとはいえ、戦国時代でも室町将軍や室町殿の祇園会見物については、史料のうえで確認できるにもかかわらずである。

その理由をあきらかにすることはむずかしいが、ただ、室町将軍や室町殿だけでなく、公家衆による見物風景もみえないことからすれば、あるいは貴人の見物風景は描かないといったようなことがあったのかもしれない。

また、そもそも洛中洛外図屏風における祇園会の場面も、あくまで全体の一部にすぎないという大前提にたてば、よほどの注文や意図がなければ見物風景まで描きこむ必要性はなかったのであろう。その意味では、歴博甲本や上杉本といった洛中洛外図屏風から桟敷を構えて見物する公家や武家のすがたを追いかけることは困難といわざるをえない。

ただ、そのいっぽうで、桟敷を構えない人びとの見物風景については、思いのほか簡単に見いだすことができる。また、そのすがたも歴博甲本・上杉本ともに共通しているところが少なくなく、たとえば、神輿渡御の周辺で、それをながめている人びとが一様に地面にすわり、手を合わすすがた〔図58・59〕などはその特徴といえよう。

図58　神輿に手を合わす人（歴博甲本・部分、右隻二扇）

図59　神輿に手を合わす人（上杉本・部分、右隻二・三扇）

じつは、神輿渡御を当時の人びとがどのようにしてむかえ、見物していたのかといった点については史料ではほとんどわからない。わずかに、第一章の犬神人のところでもみたルイス・フロイスの『日本史』に「民衆はみな頭をさげつつ、双手をあげてこの輿を拝む」と記されているのが数少

図60　山鉾を見物する人（歴博甲本・部分、右隻二扇）

図61　山鉾を見物する人（上杉本・部分、右隻三扇）

ない手がかりとなろうが、そういう意味では、描かれた見物風景そのものが貴重な史料といえよう。

なお、人びとが神輿にむかって手を合わせるのは、『日本史』がいうように、輿の「なかに（かの）偶像がある」からである。そして、その「偶像」とは、「祇園と称せられる偶像」＝祇園の神であり、人びとはその神にむかって手を合わせていたことが知られよう。

そのことを念頭において、山鉾巡行をながめる人びとのほうに目をそそいでみると、歴博甲本でも、上杉本でも、だれひとりとして手を合わせているようすがみられない〔図60・61〕ことに気づく。おしなべていえば、老若男女を問わず、多くの人びとが立ちながら、あるいは指さしながら、気ままに路上で山や鉾を仰ぎみるといった風情である。

ここからは、同じ祇園会をかたちづくる祭事とはいっても、神輿と山鉾とのあいだには、それらに向ける人びとの視線に大きな違いがみられたことが知られよう。

このように、歴博甲本・上杉本からも、桟敷を構えない人びとによる見物風景というのはそれなりにみてとれるわけだが、それでは、祇園会そのものをテーマにして描かれたサントリー本では見物風景はどのように描かれているのだろうか。つぎにそれをみていくことにしよう。

❖——サントリー本に描かれた見物風景

まず、三条通をすすむ神輿渡御の場面をみてみると、そこでは、行列に参加していない人びとが路上の隅にすわりこんで、神輿が通りすぎるのを待つかのように描かれている〔図62〕ことがわかる。また、神輿を面前にした人びとが順々に手を合わすなど、歴博甲本や上杉本でみられた光景が、実際にはかなり徹底したものであったことがうかがえる。

そのうえ、ルイス・フロイスの『日本史』が、「たとえ酷暑であっても、輿が通過するあいだ、だれも頭に帽子をかぶったり扇子をつかったりすることはゆるされない」と記していることを裏づけるように、だれひとりとして、「帽子」をかぶったり、「扇子」をつかったりしているすがたもみられない。

ここからは、神輿がもつ神威というものに対して人びとが強くおそれをいだいたようすがうかがえる。また、女性や子供たちがまとまって町屋のなかから、しかも格子窓などをとおして神輿渡御をのぞきみるという、サントリー本だけにみられる特徴あるすがた〔図63〕も、あるいはこのことと関係するのかもしれない。

　このような神輿渡御をむかえる人びとのすがたを目にやきつけながら、つぎに山鉾巡行を見物する人びとのほうをみてみると、こちらでは、多くの人びとが立ちながら、山や鉾を見物しているようす〔図64〕がみてとれる。また、季節がら傘を差したり、扇子であおぎながら見物するといったすがたも少なくない。歴博甲本や上杉本と同様、神輿と山鉾に対する人びとの視線にはあきらかな違いのあっ

図62　路上に座って神輿に手を合わす人（サントリー本・部分、三扇）

図63　神輿を町屋のなかからみる女性や子供（サントリー本・部分、四扇）

図64　山鉾を見物する人（サントリー本・部分、三扇）

たことが知られよう。

❖——描かれた桟敷

このように、サントリー本には、歴博甲本や上杉本と共通する場面がみられるいっぽうで、そこでしかみることのできない特徴ある見物風景も見いだすことができる。具体的には、その見物風景はおよそ七ヶ所みられ、いずれも東洞院通より西側で、四条通に面して四ヶ所と三条通に面して三ヶ所となっている。

なかでも目をひくのが、板葺き屋根の町屋の「屋上」で山鉾巡行を見物する人びとのすがたであろう。そのひとつが、四条通の南側で「屋上」に腰をかけ、ひとりの男性がもうひとりの男性のために傘を差しかけているようにみえるもの〔図65〕、そして今ひとつが、同じように四条通の北側で屋根のうえにすわりこんで、目のまえをすすむ船鉾を見物する女性たちのすがた〔図66〕である（111頁〔図49〕も参照）。

前者については、『月次《つきなみ》風俗《ふうぞく》図《ず》扇面《せんめん》流《なが》し屏風《びょうぶ》』にも似たすがたがみられることで知られているが、[3]後者のほうは、今のところ、サントリー本にしかみられない。女性たちは、簡易な青竹の柱に建具をさしかけた屋根、そして前面には御簾《みす》のようなものがかけられた構築物のなかから船鉾を見物しているようすで描かれている。

屋根としてさしかけられたものは、あきらかに建具にみえ、これがもし『言国卿記』のいう「建て板戸」のようなものであったとすれば、この構築物もまた、桟敷を意味しているのだろう。もっとも、

図65　四条通南側の町屋の屋上で山鉾を見物する人。その両脇には町屋のまえに建具のようなもので桟敷らしきものを構えているようすがうかがえる。（サントリー本・部分、六扇）

女性たちは勾配の急な板葺き屋根のうえに直にすわり、畳も敷かれているようにはみえないので、ここで飲食をともなって見物するわけにはいかなかったにちがいない。

じつは、これに似た構築物については、「屋上」から見物するふたりの男性の両脇にもみられる〔図65〕。こちらのほうはともに「屋上」ではなく、町屋のまえに構えられ、そのなかから見物する女性たちのすがたもみえる。「三条」「通玄寺殿南頬」に山科言国によって構えられた桟敷というのも、あるいはこのようなものだったのかもしれない。

つぎに、三条通のほうにも目をうつしてみよう。すると、その南側にも三ヶ所、桟敷らしきものが描かれている（114〜115頁・〔図51〕参照）。いずれも、町屋のまえに構えられたものだが、女性たちのすがたがみられるもの〔図67〕もあるいっぽう、人のすがたがみえない空き家のようなもの〔図68〕も二ヶ所描かれている。しかも後者のふたつの屋根には障子（明かり障子）がかけられているようにみえ、これではとうてい雨をしのぐことはむずかしく、日ざしをさけるだけの役目しかはたさなかったことであろう。

なお、空き家のようにみえるふたつの構築物のまえには、神輿渡御のすがたが描かれており、あるいは、このような構築物から見物がゆるされるのは山鉾巡行のほうだけということをあらわしているのかもしれない。

サントリー本にみられる桟敷のような構築物は、以上となるが、おそらく実際には、このようなものが数多く構えられ、そこを山鉾が巡行するというのが戦国時代の祇園会見物の光景だったのだろう。

❖——「四条道場」と足利義輝の見物

ところで、あらためてサントリー本全体をながめてみると、画面の中央部の下側あたりに、みるからに侍の集団とわかる人びとがかなりの人数まとまって、立ちながら鶏鉾と思われるものをながめて

図66　図65と同じ四条通の北側にも屋上で山鉾を見物する女性がみられる。（サントリー本・部分、六扇）

図67　三条通南側の町屋のまえに桟敷らしきものを構築して山鉾を見物する女性（サントリー本・部分、六扇）

図68　三条通南側の町屋のまえに構築された桟敷らしきもの。見物人は描かれていない。（サントリー本・部分、五扇）

いるようす〔図69〕が目にとまる（110頁〔図48〕も参照）。

　そのかたわらには家紋の染められた白い幕もみられ、そこにも複数の人びとのすがたがみてとれる。これらがはたして見物風景なのかどうかといった点は判断の分かれるところだろうが、あるいは幕府関係者か、どこかの大名家の侍たちのすがたをあらわしているのかもしれない(4)。

　その侍集団から画面の右側へ視線をうつしていくと、きわだって大きく描かれた寺院のすがたが目に入ってくることになる。四条通に門をひらき、また乗牛風流が南下する京極大路（現在の寺町通）に西側の築地塀が面していることから、これが四条京極に所在した「四条道場」＝金蓮寺〔図70〕であることが判明しよう。

「四条道場」といえば、天文十七年（一五四八）六月十四日に足利義輝がここで祇園会を見物したことが思いおこされる。その日の神輿渡御のようすも、あるいはサントリー本に描かれたようなものだったのかもしれない。

　もっとも、六月十四日には、通常、七日山鉾（前祭）のすがたをみることはできない。にもかかわらず、サントリー本には、それらがしっかりと描かれている。しかも、十四日山々（後祭）のすがたもみえる。

　このようにしてみるとわかるように、サントリー本に描かれた祇園会というのはきわめて不可解なすがたといわざるをえないわけだが、ただ、義輝の見物を頭の隅におきながらその光景をみていると、そのあいだには何らかのつながりがあるようにも思えてくる。また、そう思ってみると、サントリー本が、祇園会に先んじて毎年四月に近江坂本でおこなわれる日吉祭（山王祭）を描いた『日吉山王祭礼図屏風(5)』とよばれる屏風とセットで残され、しかも、同じ天文十七年の四月十五日には「大樹」（足利

図69　山鉾を見物する侍たち(サントリー本・部分、四扇)

図70　四条道場(サントリー本・部分、一・二扇)

義輝）が「日吉祭礼」を「御見物」したという事実（『言継卿記』同日条）もなにやらいわくありげにみえてくる。

もっとも、そのいっぽうで、「四条道場」のすぐかたわらには天文十三年（一五四四）七月九日におこった「洛中洛外もってのほかの洪水」で流された「四条大鳥居」（『言継卿記』同年七月九日条）がしっかりと描かれており、そのことを重くみれば、それから四年後の天文十七年におこなわれた義輝による祇園会見物と関連づけてみることはむずかしくなろう。

しかしながら、そもそも絵画史料が写真などのようにある特定の場面を切りとるものではなかったという大前提にたてば、屏風に描かれた画面を特定のできごとと重ね合わせてみること自体が無謀といえるのかもしれない。

逆からみれば、そこには複数の記憶が重なっているともいえ、おそらくはサントリー本のうえにも、天文十七年の義輝による祇園会見物のほか、大永二年（一五二二）の義晴による見物や、あるいはもっと別の記憶なども重なっているとみたほうが自然であろう。

ここからも、絵画史料をとりあつかっていくにあたってのおもしろさとこわさを同時に体感できるわけだが、いずれにしても、絵画史料をとおして祇園会の歴史を考えていくさいにも忘れてはならないこととして肝に銘じておきたいと思う。

（1）室町将軍、室町殿の祇園会見物については、二木謙一『中世武家儀礼の研究』（吉川弘文館、一九八五年）や大塚活美「室町将軍・異国使節等の祇園祭見物―中世における首都京都の祭礼―」（『朱雀』一七集、二〇〇五年）などがその先行研究として知られている。本章は、それらの先行研究をふまえて検討を加えた河内将芳『中世京都の都市と宗教』（思文閣出版、二〇〇六年)、同『祇園祭の中世―室町・戦国期を中心に―』(思文閣出版、二〇一二年)、同「足利義輝の祇園会見物について―天文十七年六月十四日をめぐって―」(『藝能史研究』二〇三号、二〇一三年)、同「室町・戦国期京都における公家衆・衆庶の祇園会見物について」(『藝能史研究』二〇七号、二〇一四年)をもとにしたものである。

(2)北野祭や御霊祭などが該当する。北野祭については、三枝暁子『比叡山と室町幕府―寺社と武家の京都支配―』(東京大学出版会、二〇一一年)、また、御霊祭については、本多健一『中近世京都の祭礼と空間構造―御霊祭・今宮祭・六斎念仏―』(吉川弘文館、二〇一三年)参照。

(3)注(1)大塚氏前掲「室町将軍・異国使節等の祇園祭見物―中世における首都京都の祭礼―」参照。

(4)亀井若菜『表象としての美術、言説としての美術史―室町将軍足利義晴と土佐光茂の絵画―』(ブリュッケ、二〇〇三年)では、この集団を「祭を監視し警護する武士の一団ではないかと思われる」と指摘されている。

(5)下坂守「サントリー美術館蔵『日吉山王祭礼図屏風』に見る中世の日吉祭」(松本郁代・出光佐千子・彬子女王編『風俗絵画の文化学III　瞬時をうつすフィロソフィー』思文閣出版、二〇一四年)。

おわりに　戦国時代の息吹

はじめに、でもふれたように、現在の祇園祭の源流が戦国時代にあるということは、ここまでみてきたことからもおおよそ理解できるのではないかと思うが、ただ、冷静に考えてみれば、戦国時代から現代までのあいだには五百年に近い年月のへだたりがある。

にもかかわらず、本書でおこなってきたように、戦国時代の古文書や古記録に書き残されている祇園会のようすや、洛中洛外図屏風などに描かれた祇園会のすがたと現在の祇園祭をくらべられるということ自体がじつは奇跡的なできごとであるといわざるをえない。祇園祭をささえてきた先人たちの苦労はもとより、今この瞬間にも祭のことを思い、行動をつづけている人たちのたえまない努力があってのことといえよう。

歴史学（文献史学）、あるいは美術史や民俗学といった学問の立場から祇園祭を考えていくさいにも、このことに対して最大限の敬意をはらうことがなにより重要と思われるが、そのことをふまえたうえで、おわりに、では、現在の祇園祭からも感じとることのできる戦国時代の息吹について確認しておくことにしよう。

まず、神輿渡御のほうからみていくと、神輿の数が三基であり、そのかたちも六角形・四角形・八角形であるのは戦国時代と同じである。もっとも、戦国時代では、四角形の神輿が八王子《はちおうじ》、八角形の神輿が少将井《しょうしょうい》とよばれていたが、現在は、八角形が西御座《にしござ》（八柱御子神《やはしらのみこがみ》、八王子）、四角形が東御座《ひがしござ》（櫛稲田姫命《くしいなだひめのみこと》、少将井）とよばれており変化がみられる。

また、明治時代に暦が太陰暦（旧暦）から太陽暦にかわったことにともない、神輿渡御の式日が六月七日・十四日から七月十七日・二十四日になったことも変化といえる。ただし、祇園祭の場合、祭がおこなわれる季節のほうを優先しているため、日にちは異なっているものの、戦国時代の人びとが感じていたのとほぼ同じような季節感のなかで現在も祭の日をむかえることができる。

戦国時代や室町時代の記録をみていると、六月七日・十四日ともに「甚雨《じんう》」、あるいは「夕立」という記事にかなりの確率で遭遇するが、それと同じように、現在でも祇園祭の日になるとしばしば突然の大雨にみまわれることも少なくない。これもまた、戦国時代と同じ季節を共有しているからこそ体感できることといえよう。

七月十七日（旧暦六月七日）の夕刻に八坂神社（祇園社）から三基の神輿が御旅所に渡御し、その後、滞在する期間が七日間であることも戦国時代とかわらない。神輿が渡御する御旅所の場所は戦国時代とは大きく異なっているものの、そのあいだ神々は本社ではなく御旅所に滞在している。それを知って御旅所へ参り、手を合わす人びとのすがたがみられるというのも戦国時代と同じといえよう。

七月十七日から七日たった二十四日（旧暦六月十四日）に御旅所から三基の神輿が八坂神社へと還っていくにあたって、三条通と大宮通が交差する三条大宮あたりで合流するのも戦国時代と同じである。また、現在は、その途中で神輿がかつて大政所御旅所のあった大政所御旅所旧址のまえにとどまり、そこで神事がとりおこなわれるようすもみることができる。このようなかたちの神事は、もちろん戦国時代にはみられないが、この地が祇園祭発祥の地であることを実感できるという点では中世の息吹を伝えるものといえよう。

なお、現在、神輿渡御には久世駒形稚児《くぜこまがたちご》が供奉《ぐぶ》しており、サントリー本には、それに似た駒形稚児らしきすがたも見いだすことができる。もっとも、文献史料のほうでは、少将井駒頭にかかわる事実は読みとれても、それと駒形稚児との関係についてはわからない。

今のところ、江戸時代の元禄《げんろく》七年（一六九四）の文書（『八坂神社文書』）にみえる「上久世駒形神人」が現在の久世駒形稚児につながるもっとも古い史料と思われるが、いずれにしても、駒形稚児についてはまだまだわからないことのほうが多いというのが実状といえよう。

現在でも注意深くながめていると気づくのだが、神輿が渡御するかたわらで手を合わす人びとのすがたはけっして少なくない。その光景は、歴博甲本・上杉本・サントリー本に描かれた人びとのすがたとも重なる。さすがに地面にすわりこむ場面にまで遭遇することはないが、それでも、祇園の神が戦国時代と同じように、下京の人びとの崇敬の的でありつづけていることにかわりはない。

神輿渡御が一年に一度、鴨東《おうとう》（鴨川の東）に鎮座する祇園の神を洛中にむかえる神聖なものであるという意識が、戦国時代はもとより、平安時代後期以来、連綿とうけつがれていることをここからは読みとることができよう。

つぎに、山鉾巡行についてみていくと、現在（二〇一五年時点）の前祭《さきまつり》二十三基、後祭《あとまつり》十基、合わせて三十三基という山鉾の数が、戦国時代の前祭（七日山鉾）二十六基、後祭（十四日山々）十基、合わせて三十六基をもとにしていることは、はじめに、でもふれたとおりである。

その数が戦国時代と同じになっていないのは、前祭の場合でいえば、ある段階で、おおよそ二十三基に固定したのが理由ではないかと考えられる。たとえば、『祇園会山鉾事』の明応九年再興分に書かれた山鉾のうち、「花見中将山」「タルマ山」「布袋山」「はうか山」「山伏ミ子入山」「八幡山」などは、江戸時代前期に成立した『日次紀事《ひなみきじ》』や江戸時代後期に成立した『祇園会細記《さいき》』（『祇園御霊会細記』）にもその名がみられないからである。

もっとも、『祇園会山鉾事』の応仁乱前分・明応九年再興分の両方にみえる「たるまほく」「タルマ山」とゆかりがあると伝わる社（図71）を二〇一〇年（平成二十二）までまつってきた山田町の事例[1]や『祇園会山鉾事』の明応九年再興分にみえる「布袋山」[2]の事例などから考えれば、何らかの事情で再興できなかった山鉾の数はけっして少なくなかったのだろう。

いっぽう、後祭の山々のうち、鷹山（鷹野山）が現在巡行していないのは、幕末の火災にみまわれたことが影響している。それに対して、鷹山と同様、幕末以来ながらくそのすがたがみられなかった船鉾（大船鉾《おおふねほこ》）（図72）が二〇一四年（平成二十六）に再興されたということをふまえるならば、鷹山が再興される可能性はけっして小さくない。後祭は、近い将来、戦国時代のすがたに近いものとなるのかもしれない。

図71　山田町でまつられていた「たるまほく」「タルマ山」とゆかりがあると伝わる社。2010年に失われ、御神体は八坂神社へもどされた。

船鉾（大船鉾）が再興されたのと同じ二〇一四年に後祭もおよそ半世紀ぶりに復興され、山鉾巡行は前祭と後祭に分けられておこなわれるようになった。これによって、戦国時代と同様、現在も二度にわたって山鉾巡行がみられることになったわけだが、そのうちの前祭において、先頭に長刀鉾、最後に船鉾のすがたがみられるのも、『祇園会山鉾

図72　2014年に再興された大船鉾

事』の明応九年再興分や上杉本・サントリー本からもうかがえるように戦国時代以来のことといえる。

また、後祭でも二〇一四年から先頭に橋弁慶山、最後に船鉾（大船鉾）のすがたがみられるようになり、『日次紀事』に記された順番と重なることになった。ただし、『祇園会山鉾事』の明応九年再興分には船鉾の記載がみられず、戦国時代の後祭（十四日山々）での船鉾のようすについては今ひとつわかりにくい。

『祇園会山鉾事』の応仁乱前分には、「しんくわうく（神功皇后）舟」「四条と綾少路間」とみえ、下級官人の中原康富《なかはらのやすとみ》の日記『康富記』応永《おうえい》二十九年（一四二二）六月十四日条にも「鉾・山・船已下《いか》風流美を尽くし、例年のごとく三条大路を渡りおわんぬ」とみえることから、室町時代には六月十四日に船鉾が巡行していたことはまちがいない。

よって、後祭の船鉾は、明応九年から『日次紀事』が書かれたころまでのどこかで再興されたこととなろう。今のところ、寛永《かんえい》年間（一六二四～四四）前半に描かれたと考えられている『祇園祭礼図屏風』[3]（京都国立博物館所蔵）にそのすがたがみられ、また、『日次紀事』よりも早く、寛文《かんぶん》二年（一六六二）に刊行された『案内者《あんないしゃ》』に六月「十四日　祇園御霊会」の「山」「その数十」のひとつとして「船」の名が書かれていることからすれば、おそくとも江戸時代前期までには再興したと考えられる。

山鉾巡行の順番を決めるくじ取り（鬮取《くじとり》）式は、現在、京都市議会場でおこなわれているが、明応九年（一五〇〇）に再興されたときには、室町幕府の侍所《さむらいどころ》開闔《かいこう》であった松田頼亮《まつだよりすけ》の屋敷でおこなわれた。その後、戦国時代の鬮取がどこでおこなわれたのかという点については、じつはよくわかっていない。

もっとも、『案内者』の六月「六日」のところに、「六角堂にて早朝に祇園会山鉾の鬮を取る」とみえ、また十三日のところにも、「六角堂にて明日祇園会の山の鬮あり、ただし朝なり、六日の式のごとし」とみえるので、おそくとも江戸時代前期には六角堂で鬮取がおこなわれるようになっていたと考えられよう。

鬮の取りかたについて、現在のやりかたが戦国時代にまでさかのぼる可能性があるというのは、考えてみればおどろくべきことである。それはそのまま、山や鉾の趣向が戦国時代には固まりつつあったことをあらわしているが、それと同時に、それらを担う主体も地縁的な集団であり、共同体でもある町《ちょう》へとかたまりつつあったことを意味するのだろう。

そのようにして山や鉾を担うようになった山町・鉾町のうち、いくつかの鉾町では、いわゆる稚児《ちご》を鉾に乗せていたことが歴博甲本・上杉本・サントリー本からみてとれる。とくにサントリー本ではそのすがたが克明に描かれているが、にもかかわらず、それにかかわる戦国時代の史料は不思議と残されていない。

それと同じように、稚児のまわりで奏でられていた囃子《はやし》に関する戦国時代の史料も知られていない。

したがって、どのような囃子が奏でられていたのかということはわからないわけだが、ただ、「近世以前の祇園囃子では、鉦《かね》の音の印象がさして大きくなく、しかも鼓などの楽器が入っていた可能性が考えられる」(4)とされている以上、現在われわれが耳にしている「コンコンチキチン　コンチキチン」といった音色を戦国時代の人びとが聞いていた可能性は小さいといえよう。

以上みてきたように、現在の祇園祭からも戦国時代の息吹を感じることはけっしてむずかしくはないが、ただ、そうはいっても異なるところがみられることもまた事実である。しかしながら、それは、祇園祭が守るべきところは守りつつも、そのいっぽうで時代の波に柔軟に対応し、変化してきたことのあかしともいえよう。

したがって、これからもまた、今までと同じように、祇園祭は変化をとげながらも、つづいていくと思われるが、ここまで戦国時代の祇園会を追いかけてきた本書としては、最後に一点だけ、戦国時代からつぎの時代にかけて大きく変化したことについてふれておわりにしたいと思う。

その一点とは、ほかでもない、祇園会に対する京都の為政者、とりわけ武家の姿勢についてである。というのも、室町時代から戦国時代にかけて、あれほど祇園会を見物することにこだわっていた室町将軍、室町殿らとはうってかわって、織田信長や豊臣(羽柴)秀吉、あるいは徳川家康といった、いわゆる天下人らの姿勢にはきわだった違いがみられるからである。

たとえば、信長については、天正《てんしょう》六年(一五七八)六月十四日の一度だけ祇園会を見物したことが確認できるが、しかしながら、「祭御見物の後、御伴衆《おともしゅう》御帰しなされ、御小姓衆《おこしょうしゅう》十人ばかりにてすぐに御鷹野へお出で」(『信長公記《しんちょうこうき》』巻十一)とみえるように、早々にきりあげ小姓たちをつれて鷹狩りにでかけてしまったことがわかる。

また、秀吉については、今のところ祇園会を見物した形跡すらみえず、家康にいたっては、慶長《けいちょう》二十年（元和元・一六一五）六月十四日に「二条の御城惣手角矢倉《そうてすみやぐら》」（『見聞書《けんもんしょ》』）から山鉾巡行ではなく神輿渡御を見物するなど[(5)]、室町時代や戦国時代とはまったく異なる様相をみせるようになるのである。

このことは、祇園会に対する武家の姿勢が大きく変化したことをあらわしているが、それと同時に、下京、あるいは洛中や京都に対する姿勢の変化をも反映しているのだろう。それでは、そのような変化に祇園会やそれをささえる人びとはどのように対応していったのだろうか。興味深い問題ではあるが、ただ、その問題をみていくことは、戦国時代の祇園祭を追いかけてきた本書の領分をこえている[(6)]。心残りではあるものの、ひとまず、他日を期すことを誓って、本書を閉じることにしたいと思う。

（1）『京都新聞　夕刊』二〇一〇年七月十六日号
（2）松田元『祇園祭細見　山鉾篇』（郷土行事の会、一九七七年）。
（3）八反裕太郎「京都国立博物館蔵『祇園祭礼図屏風』の史的位置」（『美術史』一五四冊、二〇〇三年）。
（4）山路興造『京都　芸能と民俗の文化史』（思文閣出版、二〇〇九年）、また、田井竜一「画像資料にきく『祇園囃子』」（植木行宣・田井竜一編『祇園囃子の源流―風流拍子物・鞨鼓稚児舞・シャギリ―』岩田書院、二〇一〇年）も参照。
（5）水本邦彦『絵図と景観の近世』（校倉書房、二〇〇二年）。
（6）祇園祭と江戸幕府との関係については、注（3）八反氏前掲「京都国立博物館蔵『祇園祭礼図屏風』の史的位置」、川嶋將生『祇園祭―祝祭の京都―』（吉川弘文館、二〇一〇年）参照。

あとがき

目のまえには何かがはっきりとみえているのに、それが何をあらわしているのかまったく説明することができない、本書を書きすすめていくなかで痛切に感じたことをひとことでいえばこのようになろう。もっとも、同じような経験を美術史や民俗学を専攻する人びとは常にしているのだし、文献史学（歴史学）の立場から絵画史料をとりあつかってきた先達たちもまた同様であったことを思いかえしたとき、この試練を乗りこえていく努力を少しでもつづけなければ、「無謀」は無謀のままで、何ひとつみえてくるものはないのだろう。

ただ、あらためて考えてみれば、文献史料の場合でも事情は同じであり、どのような問題やテーマであっても、それにかかわる史料がすべて残されていることなどありえない。むしろかぎられた史料と史料とのあいだに広がる空白をいかに埋めていくことができるのか、あるいはまた、仮に新史料が登場してもゆらぐことのない学説をどうすれば構築できるのかといったことにしのぎをけずる先学にあこがれて、この道に迷いこむようになった自分のすがたを今回、再確認することになったように思う。本書をとおして、みずからの原点をみつめなおすと同時に、先学の偉大さに畏敬の念とおどろきをおぼえたことを正直に告白しておきたいと思う。

さて、今回でかぞえて祇園祭に関する三冊目の本を刊行していただけることになった。まずは、その幸運に感謝したいと思う。とくに本書では、これまでとは異なり、カラー図版を多く掲載していただくことになったが、これはひとえに淡交社の安井善徳氏のご尽力によるものであり、申しあげることばもない。安井氏には、『日蓮宗と戦国京都』（淡交社、二〇一三年）以来、何かと気にかけていただいており、今回はそのご厚意にあまえて無理を申しあげたところ、こころよくおひきうけいただいた。文章のところは例により悪文つづきで読みにくいものとなっているが、本書の場合、図版のほうは一見の価値があるのではないかと自信をもって思う。

なお、その図版の掲載にあたっては、歴博甲本を所蔵する国立歴史民俗博物館、上杉本を所蔵する米沢市上杉博物館、サントリー本を所蔵するサントリー美術館をはじめとした関係機関・諸氏に格別のご厚意をたまわった。記して感謝申しあげたいと思う。また、宗教法人八坂神社の森壽雄宮司をはじめ橋本正明禰宜（文教部長）ならびに安居（足野）智美主事補には絶大なご協力・ご後援をたまわった。深甚なる謝意をあらわしたいと思う。

さらには、目下、下坂守先生・源城政好先生を中心に組織された八坂神社文書編纂委員会の末席に名を列ねさせていただき、両先生をはじめ吉住恭子委員・安田歩委員・澁谷一成委員からさまざまなご教示をいただく機会を得ている。祇園祭のことを勉強しつながら、その御祭神をまつる八坂神社で文書や記録に触れることができるというしあわせな人間は世界広しといえども著者をおいてほかにはいないであろう。その幸運に甘んじることなく、少しでもご恩返しができるよう努力することを誓ってあとがきにかえたいと思う。

平成二十七年六月十四日

河内　将芳

索引

【た】

【な】

【は】

■写真提供

八坂神社（P.9 図1, P.10 図3）

国立歴史民俗博物館（P.12～13 図5, P.15 図6, P.29 図10, P.37 図14, P.49 図19, P.97 図36, P.98 図37 図38, P.119 図54, P.149 図58, P.150 図60）

米沢市上杉博物館（P.16～17 図7, P.29 図11, P.37 図15, P.49 図20, P.53 図21, P.100 図40, P.101 図41, P.102 図42, P.103 図43, P.104 図44, P.105 図45, P.149 図59, P.150 図61）

サントリー美術館（P.20～21 図8, P.56 図22 図23, P.60 図24 図25, P.64 図26, P.108～109 図47, P.110 図48, P.111 図49, P.114～115 図51, P.152 図62 図63 図64, P.154 図65, P155 図66 図67 図68, P.157 図69 図70）

京都国立博物館（P.32 図12）

東京国立博物館（P.74 図30, P.119 図53）

公益社団法人 びわこビジターズビューロー（P.77 図31）

河内 将芳　かわうち・まさよし

1963年、大阪府生まれ。奈良大学文学部史学科教授。京都府立大学文学部文学科を卒業後、甲南高等学校・中学校教諭。その間に京都大学大学院人間・環境学研究科博士課程修了、京都大学博士（人間・環境学）取得。京都造形芸術大学芸術学部歴史遺産学科准教授を経て、現職。日本中世史専攻。中世後期の都市社会史を中心に研究を進めている。主な著書に、『歴史の旅　戦国時代の京都を歩く』（吉川弘文館・2014年）、『日蓮宗と戦国京都』（淡交社・2013年）、『祇園祭の中世—室町・戦国期を中心に—』（思文閣出版・2012年）、『信長が見た戦国京都—城塞に囲まれた異貌の都—』（洋泉社歴史新書y・2010年）、『秀吉の大仏造立』（法藏館・2008年）、『祇園祭と戦国京都』（角川叢書・2007年）などがある。

絵画史料が語る祇園祭　**戦国期祇園祭礼の様相**

平成27年7月17日　初版発行

著　者　　河内 将芳
発行者　　納屋 嘉人
発　行　　株式会社　淡交社
本社　〒603-8588　京都市北区堀川通鞍馬口上ル
営業　(075)432-5151
編集　(075)432-5161
支社　〒162-0061　東京都新宿区市谷柳町39-1
営業　(03)5269-7941
編集　(03)5269-1691
http://www.tankosha.co.jp
印刷・製本　大日本印刷株式会社

ISBN978-4-473-04037-4